にゃんこ大戦争でまなぶ！
お金のヒミツ

監修《かんしゅう》：ポノス株式会社《かぶしきがいしゃ》、
大河内《おおこうち》薫《かおる》（税理士《ぜいりし》）

KADOKAWA

社《しゃ》会《かい》を生《い》き抜《ぬ》くために必要《ひつよう》な

お金《かね》のヒミツを

にゃんこたちと

いっしょに学《まな》べる本《ほん》にゃ！

日本全国《にほんぜんこく》の侵略《しんりゃく》をめざすにゃんこたちは、
将来《しょうらい》はせっかくだから
大金持《おおがねも》ちになりたくて、
お金《かね》のヒミツを徹底的《てっていてき》に調《しら》べることにしたにゃ。

お金《かね》はどうして生《う》まれたのか？
チョコの値段《ねだん》はどうやって決《き》まるのか？
激《げき》レアのおもちゃの値段《ねだん》が高《たか》いのはなぜなのか？

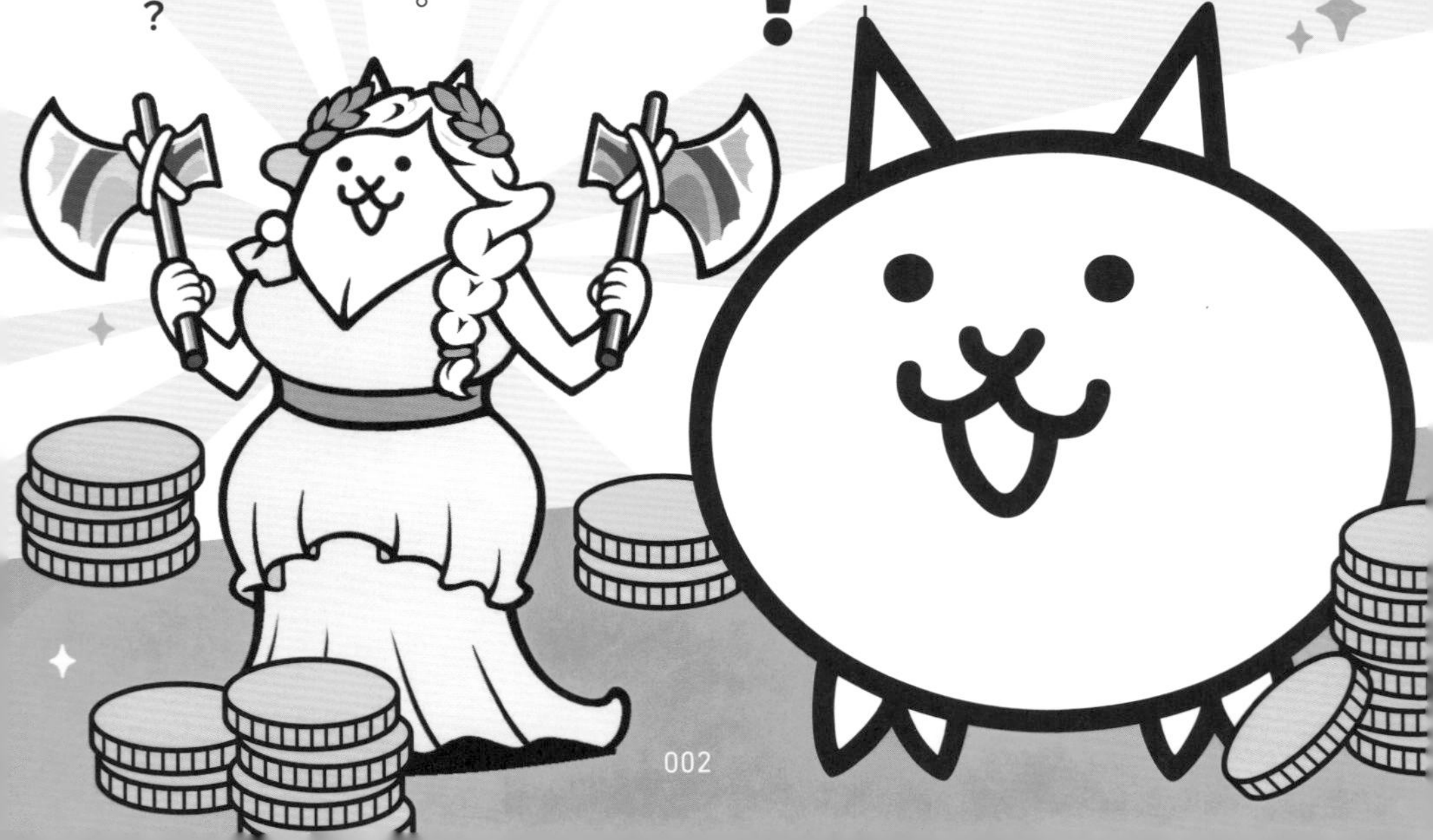

税金《ぜいきん》に**円安《えんやす》**、**景気《けいき》**に**物価《ぶっか》**？
投資《とうし》って一体《いったい》なんにゃ…!?

そんなお金《かね》のあれこれを知《し》れば、
お金《かね》の大切《たいせつ》さや上手《じょうず》な使《つか》い方《かた》がわかって、
大人《おとな》になっても安心《あんしん》して暮《く》らせるはず！

しかも、お金《かね》をいっぱい増《ふ》やして、
将来《しょうらい》、**超大金持《ちょうおおがねも》ちになれる**イメージが
わいちゃうかもしれないにゃ！

今《いま》の時代《じだい》は**国語《こくご》や算数《さんすう》と同《おな》じ**くらい
お金《かね》の勉強《べんきょう》がとっても大事《だいじ》にゃ！

さあ、キミもにゃんこたちといっしょに
社会《しゃかい》を生《い》き抜《ぬ》くためのお金《かね》のヒミツを
解《と》き明《あ》かすにゃ！

この本《ほん》の使《つか》い方《かた》

お金《かね》にまつわるネコの素朴《そぼく》なギモンに、オタネコが図《ず》や写真《しゃしん》を使《つか》ってざっくり解説《かいせつ》してくれるにゃ。

ネコとオタネコの会話《かいわ》を読《よ》めば、ギモンについて、しっかりわかるようになってるにゃ。
写真《しゃしん》やイラストつきだから、あわせて楽《たの》しんでほしいにゃ。

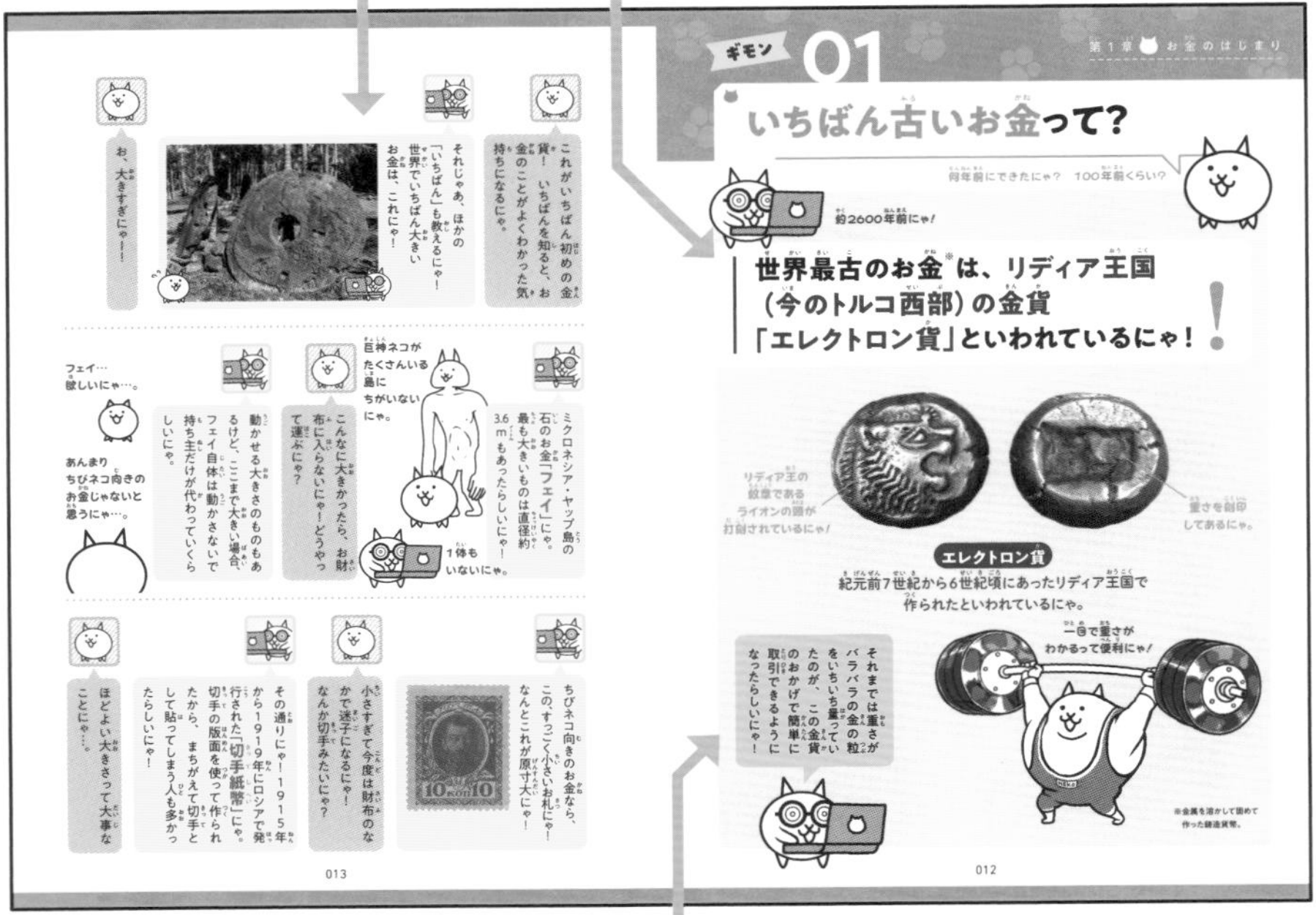

ギモン 01
第1章 お金のはじまり
いちばん古いお金って？

何年前にできたにゃ？ 100年前くらい？

約2600年前にゃ！

世界最古のお金※は、リディア王国（今のトルコ西部）の金貨「エレクトロン貨」といわれているにゃ！

リディア王の紋章であるライオンの頭が打刻されているにゃ！

重さを刻印してあるにゃ。

エレクトロン貨
紀元前7世紀から6世紀頃にあったリディア王国で作られたといわれているにゃ。

それまでは重さがバラバラの金の粒をいちいち量っていたのが、この金貨のおかげで簡単に取引できるようになったらしいにゃ！

一目で重さがわかるって便利にゃ！
※金属を溶かして固めて作った鋳造貨幣。
012
これがいちばん初めの金貨！ いちばんを知ると、お金のことがよくわかった気持ちになるにゃ。

それじゃあ、ほかの「いちばん」も教えるにゃ！ 世界でいちばん大きいお金は、これにゃ！

お、大きすぎにゃー！

ミクロネシア・ヤップ島の石のお金「フェイ」にゃ。最も大きいものは直径約3.6mもあったらしいにゃ！

巨神ネコがたくさんいる島にちがいないにゃ。

1体もいないにゃ。

こんなに大きかったら、お財布に入らないにゃ！ どうやって運ぶにゃ？

動かせる大きさのものもあるけど、ここまで大きい場合、フェイ自体は動かさないで持ち主だけが代わっていくらしいにゃ。

フェイ…欲しいにゃ…。

あんまりちびネコ向きのお金じゃないと思うにゃ…。

ちびネコ向きのお金なら、この、すっごく小さいお札にゃ！ なんとこれが原寸大にゃ！

小さすぎて今度は財布のなかで迷子になるにゃ！ なんか切手みたいにゃ？

その通りにゃ！ 1915年から1919年にロシアで発行された「切手紙幣」にゃ。切手の版面を使って作られたから、まちがえて切手として貼ってしまう人も多かったらしいにゃ！

ほどよい大きさって大事なことにゃ…。

013

特《とく》に大事《だいじ》なことは黄色《きいろ》い吹《ふ》き出《だ》しや、赤《あか》い文字《もじ》で解説《かいせつ》しているから、注目《ちゅうもく》するといいにゃ。

ここまでに読《よ》んだ内容《ないよう》のふりかえりクイズにゃ。**答《こた》えは同《おな》じページのすぐ下《した》**にあるにゃ。わからなければ答《こた》え合《あ》わせ。これがすべての基本《きほん》にゃ。

お金《かね》に関《かん》する**おもしろマメ知識《ちしき》**や、**役立《やくだ》つ情報《じょうほう》**を紹介《しょうかい》しているにゃ。大人《おとな》も知《し》らないことも載《の》ってるから、自慢《じまん》できちゃうにゃ!

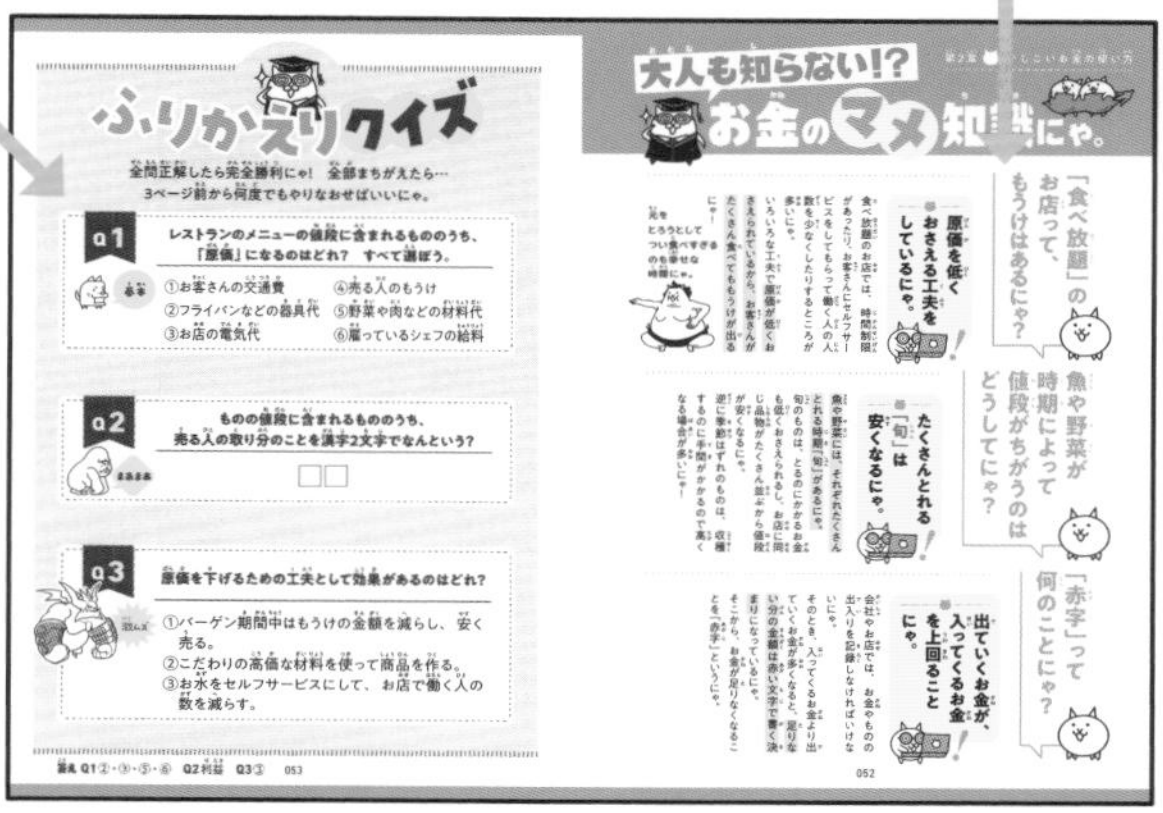

大人も知らない!? お金のマメ知識にゃ。

「食べ放題」のお店って、もうけはあるにゃ?

原価を低くおさえる工夫をしているにゃ。

食べ放題のお店では、時間制限があったり、お客さんにセルフサービスをしてもらって働く人の人数を少なくしたりするところが多いにゃ。いろいろな工夫で原価が低くおさえられているから、お客さんがたくさん食べてももうけが出るにゃ!

元をとろうとしてつい食べすぎるのも幸せな時間にゃ。

魚や野菜が時期によって値段がちがうのはどうしてにゃ?

たくさんとれる「旬」は安くなるにゃ。

魚や野菜には、それぞれたくさんとれる時期「旬」があるにゃ。旬のものは、とるのにかかるお金も低くおさえられるし、お店に同じ品物がたくさん並ぶから値段が安くなるにゃ。逆に季節はずれのものは、収穫するのに手間がかかるので高くなる場合が多いにゃ!

「赤字」って何のことにゃ?

出ていくお金が、入ってくるお金を上回ることにゃ。

会社やお店では、お金やものの出入りを記録しなければいけないにゃ。そのとき、入ってくるお金より出ていくお金が多くなると、足りない分の金額は赤い文字で書く決まりになっているにゃ。そこから、お金が足りなくなることを「赤字」というにゃ。

052

ふりかえりクイズ

全問正解したら完全勝利にゃ! 全部まちがえたら…3ページ前から何度でもやりなおせばいいにゃ。

Q1 レストランのメニューの値段に含まれるもののうち、「原価」になるのはどれ? すべて選ぼう。

①お客さんの交通費 ④売る人のもうけ
②フライパンなどの器具代 ⑤野菜や肉などの材料代
③お店の電気代 ⑥雇っているシェフの給料

Q2 ものの値段に含まれるもののうち、売る人の取り分のことを漢字2文字でなんという?

□□

Q3 原価を下げるための工夫として効果があるのはどれ?

①バーゲン期間中はもうけの金額を減らし、安く売る。
②こだわりの高価な材料を使って商品を作る。
③お水をセルフサービスにして、お店で働く人の数を減らす。

答え Q1②・③・⑤・⑥ Q2利益 Q3③ 053

おうちの人とチャレンジ!

やってみるとさらに大人にゃ

おすすめのワーク

「100円の水」を、200円で売ってみよう!

キミが100円で買った水があるとして、それをおうちの人に200円で買ってもらえるように交渉してみよう。

- どんなふうに説得するといい? どんな話をする?
- どんな状況で売る? 場所やシチュエーションも自由に考えてみよう。
- 水はそのままでいい? 何か工夫をする?

有名選手のサイン入りなら、ただの水も高く売れるかもしれないにゃ?
NEKO
ボクシングの試合の直後なら、どんなに高くても買いたいにゃ。

ここに気づいてにゃ!

「価値に見合う値段」がいくらかは、人によってちがう。

成功した人は、どんな工夫をして説得したにゃ? きっとおまけをつけたり、「買い手にとっての価値」を増やす工夫をしたはずにゃ。

自分では200円の価値があると思っても断られた人もいるはずにゃ。どんなものを安いと思うか、価値があると思うかは人それぞれにゃ。

かしこくお金を使うためには、自分自身が「価値に見合う」と思う使い方をすることが大事にゃ〜!

077

家族《かぞく》でやってみるとお金《かね》のことがもっとよくわかるワークがときどき載《の》ってるにゃ。おうちの人《ひと》とぜひ試《ため》してみてほしいにゃ!

オススメの使《つか》い方《かた》

まずはネコとオタネコの会話《かいわ》を読《よ》んでほしいにゃ。

そばにある図《ず》や写真《しゃしん》も確認《かくにん》するとよくわかるにゃ。

マメ知識《ちしき》まで読《よ》めたら、お金《かね》ハカセまっしぐらにゃ。

クイズは何度《なんど》もチャレンジ!おうちの人《ひと》と出《だ》し合《あ》ってもいいにゃ。

「やってみるとさらに大人《おとな》にゃ」のワークも、時間《じかん》があるときにおうちの人《ひと》とやってみてほしいにゃ〜!

目《もく》次《じ》

第《だい》1章《しょう》

お金《かね》のはじまり

お金《かね》のすべてを知《し》るには、まずはそのはじまりから！

いきなりだけど、**お金持《かねも》ちに なりたいにゃ！**

本当《ほんとう》にいきなりにゃ。でも気持《きも》ちはわかるにゃ。日本《にほん》を侵略《しんりゃく》するには、お金《かね》が必要《ひつよう》にゃ。

そうにゃ！侵略《しんりゃく》のためにゃ！あと、ついでにお菓子《かし》とゲームとネコカンも買《か》うにゃ！

なんかついでが多《おお》い気《き》がするけど…。**お金持《かねも》ちになるにはお金《かね》をよく知《し》らないと**にゃ。まずは日本《にほん》のお金《かね》にゃ！

1円玉《えんだま》

おもて　うら

発行《はっこう》：1955/06/01～
大《おお》きさ：20 mm《ミリメートル》　重《おも》さ：1 g《グラム》
素材《そざい》：アルミニウム 100 %《パーセント》
表図柄《おもてずがら》：若木《わかぎ》　裏図柄《うらずがら》：「1」

5円玉《えんだま》

おもて　うら

発行《はっこう》：1959/09/01～
大《おお》きさ：22 mm《ミリメートル》　重《おも》さ：3.75 g《グラム》
素材《そざい》：銅《どう》 60～70 %《パーセント》、亜鉛《あえん》 40～30 %《パーセント》
表図柄《おもてずがら》：歯車《はぐるま》、稲穂《いなほ》、水《みず》　裏図柄《うらずがら》：双葉《ふたば》

10円玉《えんだま》

おもて　うら

発行《はっこう》：1959/02/16～
大《おお》きさ：23.5 mm《ミリメートル》　重《おも》さ：4.5 g《グラム》
素材《そざい》：銅《どう》 95 %《パーセント》、亜鉛《あえん》 4～3 %《パーセント》、錫《すず》 1～2 %《パーセント》
表図柄《おもてずがら》：平等院鳳凰堂《びょうどういんほうおうどう》、唐草《からくさ》
裏図柄《うらずがら》：「10」、常盤木《ときわぎ》

50円玉《えんだま》

おもて　うら

発行《はっこう》：1967/02/01～
大《おお》きさ：21 mm《ミリメートル》　重《おも》さ：4.0 g《グラム》
素材《そざい》：銅《どう》 75 %《パーセント》、ニッケル 25 %《パーセント》
表図柄《おもてずがら》：菊花《きっか》　裏図柄《うらずがら》：「50」

100円玉《えんだま》

おもて　うら

発行《はっこう》：1967/02/01～
大《おお》きさ：22.6 mm《ミリメートル》　重《おも》さ：4.8 g《グラム》
素材《そざい》：銅《どう》 75 %《パーセント》、ニッケル 25 %《パーセント》
表図柄《おもてずがら》：桜花《おうか》　裏図柄《うらずがら》：「100」

500円玉《えんだま》

おもて　うら

発行《はっこう》：2021/11/01～
大《おお》きさ：26.5 mm《ミリメートル》　重《おも》さ：7.1 g《グラム》
素材《そざい》：銅《どう》 75 %《パーセント》、亜鉛《あえん》12.5 %《パーセント》、ニッケル 12.5 %《パーセント》
表図柄《おもてずがら》：桐《きり》　裏図柄《うらずがら》：「500」、竹《たけ》、橘《たちばな》

数字《すうじ》が書《か》いてあるほうがおもてだと思《おも》ってたにゃ！

1000円《えん》札《さつ》

おもての人物《じんぶつ》：野《の》口《ぐち》英《ひで》世《よ》

発行《はっこう》：2004/11/01～
大《おお》きさ：150 mm《ミリメートル》 x 76 mm《ミリメートル》
裏図柄《うらずがら》：富士山《ふじさん》と桜《さくら》

2000円《えん》札《さつ》

おもての図柄《ずがら》：守《しゅ》礼《れい》門《もん》

発行《はっこう》：2000/07/19～
大《おお》きさ：154 mm《ミリメートル》 x 76 mm《ミリメートル》
裏図柄《うらずがら》：『源氏物語絵巻《げんじものがたりえまき》』
第《だい》38帖《じょう》「鈴虫《すずむし》」と、
『紫式部日記絵巻《むらさきしきぶにっきえまき》』の一部《いちぶ》

2000年《ねん》と2003年《ねん》にしか発行《はっこう》されなかったからほとんど見《み》かけないお札《さつ》にゃ！

5000円《えん》札《さつ》

おもての人物《じんぶつ》：樋《ひ》口《ぐち》一《いち》葉《よう》

発行《はっこう》：2004/11/01～
大《おお》きさ：156 mm《ミリメートル》 x 76 mm《ミリメートル》
裏図柄《うらずがら》：燕子花図《かきつばたず》

1万《まん》円《えん》札《さつ》

おもての人物《じんぶつ》：福《ふく》沢《ざわ》諭《ゆ》吉《きち》

発行《はっこう》：2004/11/01～
大《おお》きさ：160 mm《ミリメートル》 x 76 mm《ミリメートル》
裏図柄《うらずがら》：平等院鳳凰像《びょうどういんほうおうぞう》

これは古《ふる》いお札《さつ》にゃ。今発行《いまはっこう》されているお札《さつ》とはちがうけど、ちゃんと使《つか》えるにゃ！

旧《きゅう》1000円《えん》札《さつ》

おもての人物《じんぶつ》：夏《なつ》目《め》漱《そう》石《せき》

発行《はっこう》：1984/11/01～2007/04/02
大《おお》きさ：150 mm《ミリメートル》 x 76 mm《ミリメートル》　裏図柄《うらずがら》：鶴《つる》

こんなお札《さつ》見《み》たことないにゃ！

2024年《ねん》に発行予定《はっこうよてい》! 新《あたら》しいお札《さつ》が登場《とうじょう》にゃ!

2024年《ねん》に、**20年《ねん》ぶりに新《あたら》しいお札《さつ》が発行《はっこう》される**にゃ!

じゃあ、今持《いまも》ってるお札《さつ》はどうなるにゃ!?

新札《しんさつ》が出《で》ても、古《ふる》いお札《さつ》と同《おな》じで今《いま》までのお札《さつ》も使《つか》えるから安心《あんしん》するにゃ。

今《いま》までのお札《さつ》も特《とく》に持《も》ってない場合《ばあい》はどうなるにゃ!?

それは、別《べつ》にどうにもならないにゃ…。

新《あたら》しいお札《さつ》の発行《はっこう》、実《じつ》に楽《たの》しみにゃ。

新《しん》1万円札《まんえんさつ》

おもての人物《じんぶつ》:渋沢栄一《しぶさわえいいち》

日本《にほん》の最初《さいしょ》の銀行《ぎんこう》、第一国立銀行《だいいちこくりつぎんこう》を作《つく》ったり、ほかにも約《やく》500もの会社《かいしゃ》を作《つく》ることに関《かか》わったすごい実業家《じつぎょうか》にゃ。

裏図柄《うらずがら》:

東京駅《とうきょうえき》(丸《まる》の内駅舎《うちえきしゃ》)

明治《めいじ》・大正時代《たいしょうじだい》を代表《だいひょう》する建築物《けんちくぶつ》のひとつで、「赤《あか》レンガ駅舎《えきしゃ》」と呼《よ》ばれて親《した》しまれている建物《たてもの》にゃ。

この後《あと》「ギモン07」で、新《あたら》しいお札《さつ》のさらなるヒミツがわかるにゃ!

新《しん》5000円札《えんさつ》

おもての人物《じんぶつ》：津田《つだ》梅子《うめこ》

明治《めいじ》時代《じだい》に日本《にほん》で最初《さいしょ》にアメリカに留学《りゅうがく》した女性《じょせい》のひとりにゃ。帰国《きこく》した後《あと》、今《いま》の津田《つだ》塾大学《じゅくだいがく》を作《つく》って日本《にほん》の女子《じょし》教育《きょういく》に貢献《こうけん》した教育者《きょういくしゃ》にゃ。

学《まな》ぶ乙女《おとめ》のあこがれにゃ。

裏図柄《うらずがら》：フジ（藤《ふじ》）

日本《にほん》でいちばん古《ふる》い歴史《れきし》書《しょ》「古事記《こじき》」や和歌集《わかしゅう》「万《まん》葉集《ようしゅう》」にも登場《とうじょう》する、昔《むかし》から日本《にほん》で親《した》しまれている花《はな》にゃ。

新《しん》1000円札《えんさつ》

おもての人物《じんぶつ》：北里《きたさと》柴三郎《しばさぶろう》

世界《せかい》で初《はじ》めて、破傷風《はしょうふう》という病《びょう》気《き》の治療法《ちりょうほう》やペスト菌《きん》を発見《はっけん》したお医者《いしゃ》さんにゃ。

裏図柄《うらずがら》：

富嶽三十六景《ふがくさんじゅうろっけい》「神奈川沖浪裏《かながわおきなみうら》」

江戸時代《えどじだい》の浮世絵師《うきよえし》、葛《かつ》飾北斎《しかほくさい》の作品《さくひん》で、世界的《せかいてき》にも評価《ひょうか》の高《たか》い浮世絵《うきよえ》にゃ。

感染症学《かんせんしょうがく》といえば この人《ひと》にゃ！

お金《かね》には古《ふる》い・新《あたら》しいがある、となるとあれが気《き》になるにゃ？

ギモン 01

いちばん古《ふる》いお金《かね》って？

何年前《なんねんまえ》にできたにゃ？　100年前《ねんまえ》くらい？

約《やく》2600年前《ねんまえ》にゃ！

世界最古《せかいさいこ》のお金《かね》※は、リディア王国《おうこく》（今《いま》のトルコ西部《せいぶ》）の金貨《きんか》「エレクトロン貨《か》」といわれているにゃ！

リディア王《おう》の紋章《もんしょう》であるライオンの頭《あたま》が打刻《だこく》されているにゃ！
重《おも》さを刻印《こくいん》してあるにゃ。

エレクトロン貨《か》

紀元前《きげんぜん》7世紀《せいき》から6世紀頃《せいきごろ》にあったリディア王国《おうこく》で作《つく》られたといわれているにゃ。

それまでは重《おも》さがバラバラの金《きん》の粒《つぶ》をいちいち量《はか》っていたのが、この金貨《きんか》のおかげで簡単《かんたん》に取引《とりひき》できるようになったらしいにゃ！

一目《ひとめ》で重《おも》さがわかるって便利《べんり》にゃ！
NEKO

※金属を溶かして固めて作った鋳造貨幣。

これがいちばん初《はじ》めの金《きん》貨《か》！　いちばんを知《し》ると、お金《かね》のことがよくわかった気《き》持《も》ちになるにゃ。

それじゃあ、ほかの「いちばん」も教《おし》えるにゃ！世《せ》界《かい》でいちばん大《おお》きいお金《かね》は、これにゃ！

お、大《おお》きすぎにゃー！

ミクロネシア・ヤップ島《とう》の石《いし》のお金《かね》「**フェイ**」にゃ。最《もっと》も大《おお》きいものは直径約《ちょっけいやく》3.6ｍ《メートル》もあったらしいにゃ！

巨神《きょしん》ネコがたくさんいる島《しま》にちがいないにゃ。

１体《たい》もいないにゃ。

こんなに大《おお》きかったら、お財《さい》布《ふ》に入《はい》らないにゃ！どうやって運《はこ》ぶにゃ？

動《うご》かせる大《おお》きさのものもあるけど、ここまで大《おお》きい場合《ばあい》、フェイ自体《じたい》は動《うご》かさないで持《も》ち主《ぬし》だけが代《か》わっていくらしいにゃ。

フェイ…欲《ほ》しいにゃ…。

あんまりちびネコ向《む》きのお金《かね》じゃないと思《おも》うにゃ…。

ちびネコ向《む》きのお金《かね》なら、この、すっごく小《ちい》さいお札《さつ》にゃ！なんとこれが原寸大《げんすんだい》にゃ！

小《ちい》さすぎて今度《こんど》は財布《さいふ》のなかで迷子《まいご》になるにゃ！なんか切手《きって》みたいにゃ？

その通《とお》りにゃ！１９１５年《ねん》から１９１９年《ねん》にロシアで発《はっ》行《こう》された「**切手紙幣**《きってしへい》」にゃ。切手《きって》の版面《はんめん》を使《つか》って作《つく》られたから、まちがえて切手《きって》として貼《は》ってしまう人《ひと》も多《おお》かったらしいにゃ！

ほどよい大《おお》きさって大事《だいじ》なことにゃ…。

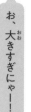

大人《おとな》も知《し》らない!? お金《かね》のマメ知識《ちしき》にゃ。

食《た》べ物《もの》でできたお金《かね》があったって、ホントにゃ？

ホントにゃ。!

こんにゃく粉《こ》が使《つか》われたお札《さつ》があったにゃ。

1885年《ねん》(明治《めいじ》18年《ねん》)、日本銀《にっぽんぎん》行《こう》で最初《さいしょ》に発行《はっこう》されたお札《さつ》には、紙《かみ》を丈夫《じょうぶ》にするためにこんにゃく粉《こ》が混《ま》ぜられていたにゃ。実《じつ》はこのお札《さつ》、破《やぶ》れにくくはなったけど、ねずみや虫《むし》にかじられてしまう被害《ひがい》が続出《ぞくしゅつ》したにゃ！

そのせいで、たった3年《ねん》で新《あたら》しいお札《さつ》が発行《はっこう》されることになってしまったらしいにゃ。大黒様《だいこくさま》の絵《え》が描《えが》かれていたことから、「大黒札《だいこくさつ》」と呼《よ》ばれているけれど、絵《え》の中《なか》にねずみも描《えが》かれていたのは皮肉《ひにく》な話《はなし》にゃ！

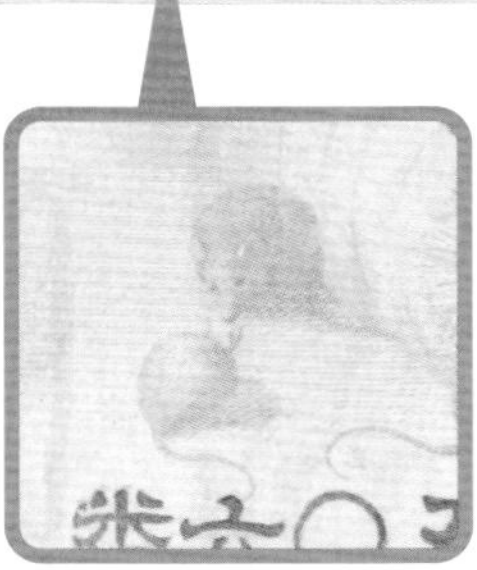

食《た》べられるものは、
食《た》べるのが正義《せいぎ》にゃ。

140年《ねん》くらい前《まえ》
に手伝《てつだ》ってあげたら
きっとよろこばれたにゃ。

ねずみ退治《たいじ》なら
トクイにゃ！
退治《たいじ》、手伝《てつだ》うにゃ？

昔《むかし》のお札《さつ》って今《いま》でも使《つか》えるにゃ？

使《つか》えるにゃ。

今《いま》でも使《つか》える古《ふる》いお札《さつ》は、18種類《しゅるい》あるにゃ。

現在流通《げんざいりゅうつう》している4種類《しゅるい》のお札《さつ》のほかに今《いま》でも使《つか》える古《ふる》いお札《さつ》は、18種類《しゅるい》あるにゃ。その中《なか》には、明治時代《めいじじだい》のお札《さつ》も2種類《しゅるい》あるにゃ。

1885年《ねん》（明治《めいじ》18年《ねん》）に発行《はっこう》された「旧一円券《きゅういちえんけん》」と、1889年《ねん》（明治《めいじ》22年《ねん》）に発行《はっこう》された「改造一円券《いちえんけん》」にゃ！

古《ふる》くなっても
役《やく》に立《た》つにゃ！

旧一円券《きゅういちえんけん》

改造一円券《かいぞういちえんけん》

ほかにも変《か》わったお金《かね》ってあるにゃ？

「半分《はんぶん》のお札《さつ》」があったにゃ。

ギリシャで、お札《さつ》をすべて半分《はんぶん》に切《き》って使《つか》ったことがあるにゃ。

ギリシャは1919年《ねん》に起《お》きたギリシャ・トルコ戦争《せんそう》に破《やぶ》れたとき、たくさん借金《しゃっきん》ができてしまったにゃ。それを返《かえ》すため、当時使《とうじつか》われていたお札《さつ》をすべて半分《はんぶん》に切《き》ったものを発行《はっこう》したにゃ。左半分《ひだりはんぶん》は元《もと》のお札《さつ》の半分《はんぶん》の価値《かち》のお札《さつ》として、右半分《みぎはんぶん》は国債《こくさい》（国《くに》の借金《しゃっきん》を証明《しょうめい》する紙《かみ》）として使《つか》われたにゃ。

半分《はんぶん》に分《わ》かれても
それぞれ
いい仕事《しごと》するにゃ！
にゃ！

ギモン 02

お金《かね》ができる前《まえ》はどうしてたにゃ？

ゲームがほしいときはどうやって手《て》に入《い》れてたにゃ？

お金《かね》ができる前《まえ》は、ゲームもできる前《まえ》にゃ。

ものとものを交換《こうかん》する、物々交換《ぶつぶつこうかん》でやりとりしていたらしいにゃ！

魚《さかな》が欲《ほ》しいにゃ！
りんごが欲《ほ》しいにゃ！
交換《こうかん》！

つぶつぶ交換《こうかん》？
じゃなくてぶつぶつ交換《こうかん》にゃ！

ものとものを直接交《ちょくせつこう》換《かん》するのが物々交《ぶつぶつこう》換《かん》にゃ。魚《さかな》を釣《つ》ってそれを果物《くだもの》と交換《こうかん》したりするにゃ。

物々交換《ぶつぶつこうかん》ってステキにゃ！

どうしてにゃ？

だってお金《かね》がなくてもものが手《て》に入《はい》るってことにゃ？さっそく魚《さかな》をたくさん釣《つ》ってくるにゃー！

おちつくにゃ！魚《さかな》ばっかりあっても、欲《ほ》しいものが手《て》に入《はい》るとは限《かぎ》らないにゃ！

魚《さかな》とごはんを交換《こうかん》してほしいにゃ！

魚《さかな》は昨日《きのう》食《た》べたばっかりだからいらないにゃ。

断《ことわ》られてしまったにゃ…！

自分《じぶん》の持《も》っているものが**いつでも欲《ほ》しいものと交換《こうかん》できるとは限《かぎ》らない**のが物々交換《ぶつぶつこうかん》の難《むずか》しいところにゃ。

まだまだめげないにゃ！あのお肉《にく》と交換《こうかん》にゃ！

このお肉《にく》はお米《こめ》5キログラム分《ぶん》の価値《かち》があるにゃ！

魚《さかな》だとどのくらいにゃ…？わからないにゃ…。

ぜんぜん話《はなし》がまとまらなかったにゃ…。お金《かね》で「いくら」って値段《ねだん》がついてないって不便《ふべん》にゃ！

お金《かね》なら、みんなにとって価値《かち》がわかりやすいからにゃ。

あ！そうこうするうちに、魚《さかな》が腐《くさ》ってきてしまったにゃ！

急《いそ》いで交換《こうかん》するにゃ！あのキャンディーはどうにゃ？

このキャンディーはたとえダイヤモンドとでも交換《こうかん》しないにゃ！
そんなに貴重《きちょう》なものにゃ…？

お金《かね》なら貯《た》めておくこともできるのに…。お金《かね》がないって、不便《ふべん》にゃ〜！

それでお金《かね》が生《う》まれたってわけにゃ！

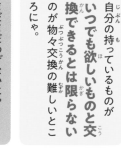

大人《おとな》も知《し》らない!? お金《かね》のマメ知識《ちしき》にゃ。

物々交換《ぶつぶつこうかん》って今《いま》は誰《だれ》もやってないにゃ？

スマホとヤギを交換《こうかん》した例《れい》もあるにゃ。！

交換《こうかん》する人同士《ひとどうし》の意見《いけん》がまとまれば、もちろん今《いま》でも物々交換《ぶつぶつこうかん》はできるにゃ。

新型《しんがた》コロナウイルスの影響《えいきょう》で仕事《しごと》を失《うしな》う人《ひと》が多《おお》かった２０２０年《ねん》には、フィジーという国《くに》で「お金《かね》を使《つか》わずに必要《ひつよう》なものを交換《こうかん》しよう」という呼《よ》びかけで国民《こくみん》の7人《にん》にひとりが物々交換《ぶつぶつこうかん》に参加《さんか》したらしいにゃ。その中《なか》にはスマホとヤギを交換《こうかん》した人《ひと》もいたにゃ！

物々交換《ぶつぶつこうかん》で、クリップ1個《こ》から家《いえ》を手《て》に入《い》れた人《ひと》がいるにゃ。！

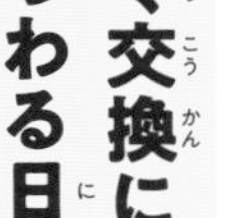

２００５年《ねん》に、カナダ人《じん》のカイル・マクドナルドさんという人《ひと》はインターネットの物々交換《ぶつぶつこうかん》サイトに赤《あか》いペーパークリップを掲載《けいさい》したにゃ。

そこから交換《こうかん》をくりかえし、なんと最後《さいご》には物々交換《ぶつぶつこうかん》だけで家《いえ》を1軒《けん》手《て》に入《い》れたにゃ！

日本《にほん》の昔話《むかしばなし》で有名《ゆうめい》な「わらしべ長者《ちょうじゃ》」が現実《げんじつ》になってるにゃ！

物々交換《ぶつぶつこうかん》にまつわる日本《にほん》の昔話《むかしばなし》「わらしべ長者《ちょうじゃ》」に似《に》た話《はなし》は、世界中《せかいじゅう》にあるにゃ。！

日本《にほん》の昔話《むかしばなし》「わらしべ長者《ちょうじゃ》」は、貧《まず》しい人《ひと》がワラを物々交換《ぶつぶつこうかん》していって、最後《さいご》にお金持《かねも》ちになる話《はなし》にゃ。これに似《に》た昔話《むかしばなし》は、実《じつ》はインドや韓国《かんこく》など世界各地《せかいかくち》に存在《そんざい》するにゃ。

「わらしべ長者《ちょうじゃ》」とは逆《ぎゃく》に、だんだん価値《かち》の低《ひく》いものと物々交換《ぶつぶつこうかん》していくパターンの昔話《むかしばなし》にはグリム童話《どうわ》の「しあわせハンス」があるにゃ。

物々交換《ぶつぶつこうかん》は世界中《せかいじゅう》の人《ひと》が興味《きょうみ》を持《も》つテーマだったのかにゃ…。

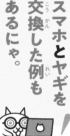

おうちの人《ひと》とチャレンジ!

やってみるとさらに大人《おとな》にゃ

おすすめワーク

おうちの人《ひと》と物々交換《ぶつぶつこうかん》をしてみよう!

自分《じぶん》が持《も》っているものと、おうちの人《ひと》が持《も》っているものを
物々交換《ぶつぶつこうかん》で交換《こうかん》できるか、交渉《こうしょう》してみよう。

- 自分《じぶん》の欲《ほ》しいものを、相手《あいて》は持《も》っている?
- 相手《あいて》が交換《こうかん》してもいいと思《おも》えるものを、キミは持《も》っている?
- 2つの価値《かち》は同《おな》じだと思《おも》う?
- 毎回《まいかい》欲《ほ》しいものを交渉《こうしょう》で交換《こうかん》するとしたら、どう思《おも》う?

どんぐり2個《こ》と新作《しんさく》ゲームを交換《こうかん》してほしいにゃ。
いやにゃ。

ここに気《き》づいてにゃ!

お金《かね》なしでもの(価値《かち》)のやりとりをするのはとっても大変《たいへん》!

やってみたキミならもうわかっていると思《おも》うけど、物々交換《ぶつぶつこうかん》でものを手《て》に入《い》れるのはとっても大変《たいへん》にゃ。

相手《あいて》が自分《じぶん》の欲《ほ》しいものを持《も》っていないかもしれないし、ものにどれだけ価値《かち》があるか、人《ひと》によって考《かんが》えがちがうこともあるにゃ。

「お金《かね》」を使《つか》えば、価値《かち》の基準《きじゅん》ができて、いつでも誰《だれ》とでもスムーズに交換《こうかん》ができる。お金《かね》はとっても便利《べんり》な道具《どうぐ》にゃ!

ギモン 03

物《ぶつ》々《ぶつ》交《こう》換《かん》の次《つぎ》は、いきなり金《きん》貨《か》が使《つか》われたにゃ？

金《きん》より、そのへんにあるものを使《つか》ったほうが早《はや》そうにゃ。木《こ》の葉《は》とか。

なんでもかんでも
お金《かね》として使《つか》えるってわけじゃないにゃ。

まずは、お金《かね》の役《やく》割《わり》を果《は》たす保《ほ》存《ぞん》できて交《こう》換《かん》しやすいものがお金《かね》として使《つか》われ始《はじ》めたにゃ！

お金《かね》の役《やく》割《わり》

ものと交《こう》換《かん》する

欲《ほ》しいものと交換《こうかん》するためには、**みんなが交換《こうかん》したがる**ものである必要《ひつよう》があるにゃ。

宝石《ほうせき》みたいに、貴重《きちょう》なものがぴったりにゃ。

価《か》値《ち》を保《ほ》存《ぞん》する

時間《じかん》がたってもものと交換《こうかん》できるように、**腐《くさ》らないもの**
汚《よご》れにくいもの
である必要《ひつよう》があるにゃ。

貯《た》めておけるものじゃなくちゃダメにゃ。

ものの価《か》値《ち》をはかる

ちがうもの同士《どうし》の価値《かち》も、お金《かね》で値段《ねだん》をつければ一目《ひとめ》で比《くら》べることができるにゃ。

物々交換《ぶつぶつこうかん》だと交換《こうかん》がうまくいかないことが多《おお》いから、地域《ちいき》によってさまざまなものがお金《かね》のように使《つか》われるようになったにゃ！

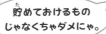

保存《ほぞん》できて交換《こうかん》しやすいものっていうと…わかったにゃ！

何《なに》か思《おも》いついたにゃ？

セミのぬけがらにゃ！

保存《ほぞん》も交換《こうかん》もしにくいものが出《で》てきたにゃ…。

一《いち》か八《ばち》か言《い》ってみたけど、やっぱりちがったにゃ。

その勇気《ゆうき》は認《みと》めるにゃ。実際《じっさい》にお金《かね》として使《つか》われていたといわれているものは、13ページに出《で》てきた**石《いし》や貝《かい》がら、塩《しお》**などがあるにゃ。

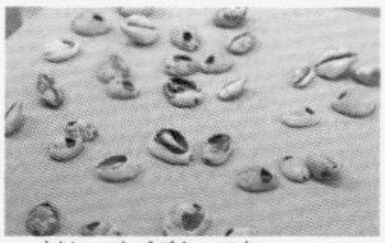

▲昔《むかし》、中国《ちゅうごく》で使《つか》われていた貝《かい》のお金《かね》

塩《しお》!? 食《た》べ物《もの》がお金《かね》として使《つか》われたにゃ!?

塩《しお》は腐《くさ》らないからにゃ。ほかにも、古代《こだい》の日本《にほん》では**稲束《いなづか》**、古代《こだい》メキシコでは**カカオ豆《まめ》**が使《つか》われた例《れい》もあるにゃ！

お米《こめ》は日本《にほん》ではみんなに愛《あい》される人気者《にんきもの》だからにゃ。

カカオ豆《まめ》は、チョコレートの原料《げんりょう》になる豆《まめ》にゃ！ 古代《こだい》メキシコでは薬《くすり》にもしたり、貴重《きちょう》だったらしいにゃ。

その地域《ちいき》で、みんなが欲《ほ》しがるものってことにゃ？

その通《とお》りにゃ！

そして、保存《ほぞん》しやすいもの？

そうそう！ 今度《こんど》こそピッタリのものを思《おも》いついたにゃ？

うん！ ズバリ、ダンゴムシはどうにゃ!?

……お財布《さいふ》から逃《に》げちゃうものはダメだと思《おも》うにゃ。

あー、たしかに。

大人《おとな》も知《し》らない!? お金《かね》のマメ知識《ちしき》にゃ。

「サラリーマン」の「サラリー」、元々《もともと》の意味《いみ》は塩《しお》のことにゃ。

「サラリー」という言葉《ことば》は英語《えいご》で「給料《きゅうりょう》」という意味《いみ》にゃ。元《もと》になったラテン語《ご》の「サラリウム」という言葉《ことば》の語源《ごげん》は、なんと「塩《しお》」。古代《こだい》ローマでは塩《しお》は貴重《きちょう》なものとしてお金《かね》のように扱《あつか》われていて、働《はたら》いた人《ひと》のお給料《きゅうりょう》を「塩《しお》」と呼《よ》んでいたことが由来《ゆらい》らしいにゃ！

給料《きゅうりょう》が「塩《しお》」…？ その時代《じだい》に生《う》まれなくてよかったにゃ。

お金《かね》にかかわる漢字《かんじ》には「貝《かい》」がつくことが多《おお》いにゃ。

中国《ちゅうごく》でその昔《むかし》、貝《かい》がお金《かね》として使《つか》われていたのは前《まえ》のページで言《い》った通《とお》りにゃ。「買《か》う」「貯《ちょ》」「財《ざい》」など、お金《かね》にかかわる漢字《かんじ》に「貝《かい》」がついていることが多《おお》いのはそのためにゃ！

貴重《きちょう》な財宝《ざいほう》をさがす海賊《かいぞく》にゃ！

貝《かい》などのほかにはどんなものがお金《かね》として使《つか》われてたにゃ？

ウシやヤギが使《つか》われたこともあるにゃ。

ウシやヤギを飼《か》って生活《せいかつ》する人《ひと》の多《おお》い東《ひがし》アフリカでは、ウシやヤギがそのままお金《かね》として使《つか》われることもあったにゃ！

自分《じぶん》で歩《ある》くし、たまに増《ふ》えるお金《かね》にゃ！

ふりかえりクイズ

全問正解《ぜんもんせいかい》したら完全勝利《かんぜんしょうり》にゃ！　全部《ぜんぶ》まちがえたら…
3ページ前《まえ》から何度《なんど》でもやりなおせばいいにゃ。

Q1

このなかで、お金《かね》として使《つか》うのに向《む》いているものはどれ？

基本《きほん》

①卵《たまご》　②石《いし》　③木《こ》の葉《は》　④魚《さかな》

Q2

このなかで、昔《むかし》の中国《ちゅうごく》で実際《じっさい》にお金《かね》として使《つか》われていたものはどれ？

基本《きほん》

①花《はな》　②ダンゴムシ　③貝《かい》

Q3

昔《むかし》、日本《にほん》では稲束《いなづか》がお金《かね》として使《つか》われたことがある。その理由《りゆう》にあてはまらないものはどれ？

まあまあ

①稲束《いなづか》は腐《くさ》りにくく、長《なが》く保存《ほぞん》できるから。
②日本《にほん》ではみんながお米《こめ》を食《た》べるので、交換《こうかん》しやすかったから。
③色《いろ》が黄金色《こがねいろ》で、お金《かね》と似《に》ていたから。

Q4

お金《かね》の役割《やくわり》は、大《おお》きく分《わ》けると3つ。「ものと交換《こうかん》する」、「価値《かち》を保存《ほぞん》する」、あとひとつは何《なに》？

激《げき》ムズ

ものの価値《かち》を□□□

答《こた》え Q1②　**Q2**③　**Q3**③　**Q4**はかる

ギモン 04

世界《せかい》のお金《かね》ってどんな感《かん》じにゃ?

どうせ使《つか》うなら、世界一《せかいいち》おしゃれなお金《かね》がいいにゃ!

その美意識《びいしき》の高《たか》さ、尊敬《そんけい》するにゃ。

その国《くに》を象徴《しょうちょう》するものがデザインされているにゃ!

オーストラリア カンガルー

カンガルーがたくさんいる国《くに》、それがオーストラリア。

モルディブ ウミガメ

海《うみ》に浮《う》かぶ島々《しまじま》が集《あつ》まった国《くに》にゃ! 海《うみ》のいきものいっぱいにゃ!

エジプト ツタンカーメン

コインも紙《かみ》のお札《さつ》も、その国《くに》が大事《だいじ》にしているものがデザインされていることが多《おお》いにゃ。

ということは、ツタンカーメンがいっぱいの国《くに》?

ツタンカーメンはひとりにゃ。

日本《にほん》のお金《かね》とぜんぜんちがうにゃ！

それぞれの国《くに》らしさが出《で》てるにゃ。
ちなみに日本《にほん》は、桜《さくら》や菊《きく》がデザインされているにゃ！

改《あらた》めて見《み》ると、穴《あな》の開《あ》いたコインってなんかおしゃれにゃ！
外国《がいこく》にはないにゃ？

おしゃれ…かどうかはわからないけど、穴《あな》の開《あ》いたコインなら外国《がいこく》にもあるにゃ。

バハマ諸島《しょとう》の5ドルコインは、ゴルフのボールをいれる**カップのところに穴《あな》が開《あ》いている**にゃ！

ゴルフ場《じょう》がコインのデザインになってるなんてすばらしい国《くに》にゃ。

すっごくおしゃれにゃ！

変《か》わった形《かたち》のコインならほかにもあるにゃ。
たとえば…。

マレーシアには昔《むかし》**四角《しかく》いコイン**があったし、ミャンマーには**六角形《ろっかっけい》のコイン**があるにゃ！

まるくない、それだけで親近感《しんきんかん》あるにゃ。

めちゃくちゃおしゃれにゃ！どれにするか迷《まよ》っちゃうにゃー！

迷《まよ》っちゃうって、別《べつ》にあげないにゃ？

ええ!? てっきり記念《きねん》にもらえると思《おも》ってたにゃ…！

なんの記念《きねん》にゃ…？

大人《おとな》も知《し》らない!? お金《かね》のマメ知識《ちしき》にゃ。

1ドル札《さつ》の肖像《しょうぞう》、ワシントンは入《い》れ歯《ば》のせいで不機嫌《ふきげん》な顔《かお》をしているにゃ。

入《い》れ歯《ば》が飛《と》び出《だ》さないようにあごに力《ちから》が入《はい》った表情《ひょうじょう》にゃ。

アメリカの1ドル札《さつ》に描《えが》かれているのは、アメリカの初代大統領《しょだいだいとうりょう》になったワシントンという人《ひと》の顔《かお》にゃ。

若《わか》いころから歯《は》が悪《わる》かったワシントンは、大統領《だいとうりょう》になったころには入《い》れ歯《ば》を使《つか》っていたにゃ。この時代《じだい》の入《い》れ歯《ば》にはバネが使《つか》われていて、しっかりあごに力《ちから》を入《い》れて口《くち》を閉《と》じていないと飛《と》び出《だ》してしまうことがあったらしいにゃ。

ワシントンもせっかくなら笑顔《えがお》で描《か》いてほしかったかもしれないにゃ～。

「$」とか「¥」って何《なん》のマークにゃ？

どの国《くに》のお金《かね》かを表《あらわ》す記号《きごう》にゃ。

日本円《にほんえん》：¥
米《べい》ドル：$
ユーロ：€
英《えい》ポンド：£

というように、それぞれの国《くに》のお金《かね》のマークが決《き》まっていて、このマークを見《み》れば一目《ひとめ》でどこの国《くに》のお金《かね》で書《か》かれた金額《きんがく》なのかわかるようになっているにゃ。

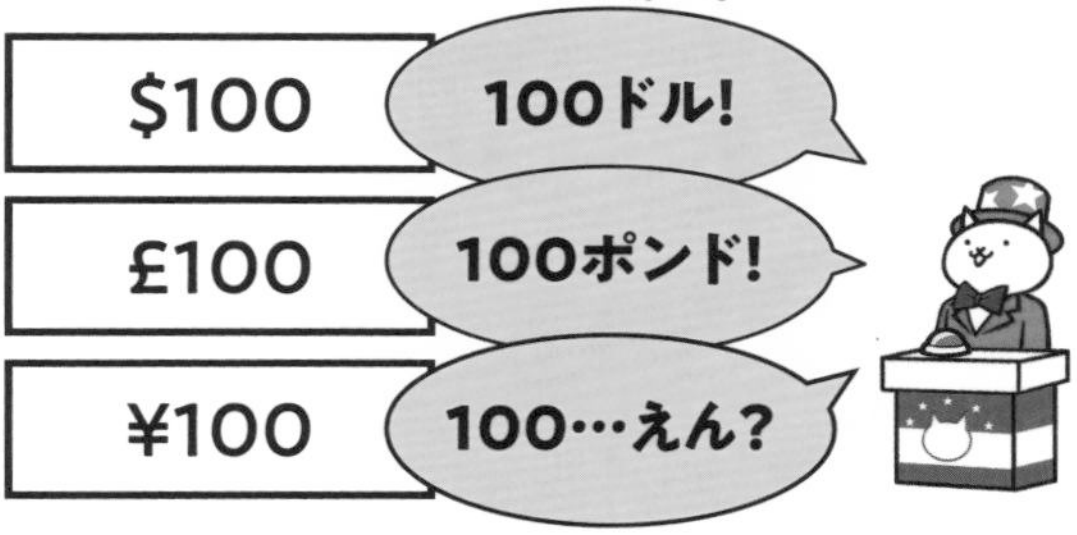

$100
100ドル!
£100
100ポンド!
¥100
100…えん?

…でも実《じつ》は、「¥」は日本《にほん》の「円《えん》」と中国《ちゅうごく》の「元《げん》」、どちらも表《あらわ》すにゃ。

日本円《にほんえん》のマーク「¥」は、「円《えん》」を英語《えいご》にした「yen《イエン》」のY《ワイ》からできているにゃ。中国《ちゅうごく》の「元《げん》」も、英語《えいご》にすると「yuan《ユアン》」。どちらも最初《さいしょ》の文字《もじ》がY《ワイ》だから、同《おな》じ「¥」のマークで表《あらわ》されるにゃ。

まぎらわしいときは、
- 日本円《にほんえん》は「JPY《ジェイピーワイ》」(Japanese Yen《ジャパニーズ イェン》)
- 中国元《ちゅうごくげん》は「CNY《シーエヌワイ》」(Chinese Yuan《チャイニーズ ユアン》)

と書《か》いたりするにゃ。

バレーとカレーくらい
まぎらわしいにゃ。

それは全然《ぜんぜん》
まぎらわしくない
にゃ。

ギモン 05

10円《えん》玉《だま》には10円《えん》分《ぶん》の銅《どう》が使《つか》われているにゃ?

もし仮《かり》に、溶《と》かしてネコの形《かたち》にしても10円分《えんぶん》の価値《かち》にゃ?

ネコの形《かたち》にしてしまったら、10円《えん》の価値《かち》にならないどころか、そもそも法律違反《ほうりついはん》になってしまうにゃ。

10円《えん》玉《だま》の材料代《ざいりょうだい》は約《やく》5円《えん》※。10円《えん》として使《つか》えるのは、信用《しんよう》があるからにゃ。

みんなが「10円分《えんぶん》の価値《かち》がある」と思《おも》っているから、10円《えん》のものといつでも交換《こうかん》できる!

10円《えん》にゃ。
10円《えん》にゃ!
10円《えん》にゃ。
そのお金《かね》に価値《かち》があるとみんなが信用《しんよう》しているから、お金《かね》として使《つか》えるにゃ!

※2022年11月時点の推定です。材料の価格は変動するため、目安です。

材料代《ざいりょうだい》がだいたい5円《えん》!? 10円玉《えんだま》は、実際《じっさい》には5円《えん》くらいの銅《どう》のかたまりってことにゃ？

そういうことにゃ。10円玉《えんだま》どころか、お札《さつ》なんて紙《かみ》だからせいぜい16~18円《えん》くらいでできてるにゃ。

ということは、1万円札《まんえんさつ》もだいたい18円《えん》くらいにゃ!? じゃあ あとの９９８２円《えん》くらいの価値《かち》は、どこからわいてくるにゃ？ あぶり出《だ》し？

あぶり出《で》ないにゃ。たとえば、ネコが1万円《まんえん》で買《か》い物《もの》したとするにゃ。

ちょっと待《ま》つにゃ!! 1万円《まんえん》、持《も》ってないにゃ!!

たとえばの話《はなし》にゃ。

ネコが1万円《まんえん》を支払《しはら》った人《ひと》は、また別《べつ》のものをその1万《まん》円《えん》で買《か》うことができるにゃ。

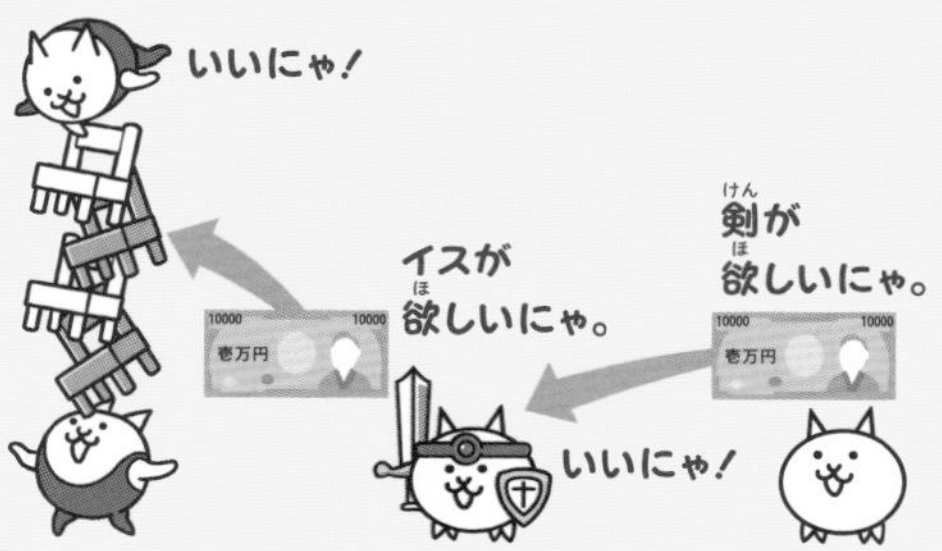
剣《けん》が欲《ほ》しいにゃ。
いいにゃ！
10000 壱万円 10000
イスが欲《ほ》しいにゃ。
10000 壱万円 10000
いいにゃ！

そうやって、この「1万円札《まんえんさつ》という紙《かみ》」があれば**いつでもどこでも1万円《まんえん》のものと交換《こうかん》できる、という信用《しんよう》があるから、1万《まん》円札《えんさつ》として使《つか》うことができる**にゃ！

信用《しんよう》がなかったら、1万円札《まんえんさつ》も1万円《まんえん》として使《つか》えないってことにゃ？

そうにゃ！ 信用《しんよう》がなかったら、ただの18円《えん》くらいの紙切《かみき》れにゃ！

信用《しんよう》って大切《たいせつ》にゃ…。

それが伝《つた》えたかったにゃ！ 伝《つた》わってよかったにゃ！

ただ、ひとつだけ納得《なっとく》がいかないことがあるにゃ…。

1万円《まんえん》、持《も》ってないにゃ!!

まだそこを気《き》にしてたにゃ？

大人《おとな》も知《し》らない!? お金《かね》のマメ知識《ちしき》にゃ。

1円玉《えんだま》って、1円《えん》で作《つく》れるにゃ?

1枚《まい》作《つく》るのに、1円以上《えんいじょう》かかるにゃ。

材料代《ざいりょうだい》は安《やす》くても、加工《かこう》などをするのにかかるお金《かね》も合《あ》わせて計算《けいさん》すると、1円玉《えんだま》を作《つく》るのには1円以上《えんいじょう》かかるにゃ。作《つく》るのにお金《かね》が余計《よけい》にかかるから、作《つく》れば作《つく》るだけ損《そん》することになるにゃ!

社会《しゃかい》にぜったい必要《ひつよう》なものだから、多少損《たしょうそん》をしても気《き》にしないにゃ!

令和《れいわ》3年《ねん》に発行《はっこう》された新《あたら》しい500円《えん》玉《だま》は高《たか》い技術《ぎじゅつ》で作《つく》られているにゃ。

令和《れいわ》3年発行《ねんはっこう》の新《あたら》しい500円玉《えんだま》は、「バイカラー・クラッド」と呼《よ》ばれる最先端《さいせんたん》の技術《ぎじゅつ》で作《つく》られたすごいコインにゃ。ちがう素材《そざい》を組《く》み合《あ》わせたり、とっても小《ち》さな文字《もじ》や模様《もよう》を入《い》れたり、さまざまな工夫《くふう》をすることでお金《かね》の信用《しんよう》を守《まも》っているにゃ。

小《ち》さくてもはっきり見《み》えるJAPAN《ジャパン》と500YEN《エン》の文字《もじ》!

中央《ちゅうおう》の桐《きり》の部分《ぶぶん》にはとても小《ち》さな穴加工《あなかこう》!

側面《そくめん》の「異形斜《いけいなな》めギザ」と呼《よ》ばれる模様《もよう》の導入《どうにゅう》は大量生産型貨幣《たいりょうせいさんがたかへい》では世界初《せかいはつ》!

めずらしいコインってあるにゃ？

昭和《しょうわ》62年《ねん》発行《はっこう》の50円玉《えんだま》は、とてもめずらしいにゃ。

その前《まえ》の年《とし》までに50円玉《えんだま》をたくさん作《つく》りすぎてしまったため、昭《しょう》和《わ》62年《ねん》はふつうに使《つか》う用《よう》の50円《えん》玉《だま》は1枚《まい》も作《つく》られなかったにゃ。「貨幣《かへい》セット」といって、コレクターが集《あつ》めて保管《ほかん》する用《よう》にコインをセットにしたものの分《ぶん》しか作《つく》られなかったから、とっても数《かず》が少《すく》ないにゃ。

けっこう探《さが》したけどなかったにゃ！

もし持《も》っていたら、激《げき》レアにゃ！

…さらに昭和《しょうわ》64年《ねん》の50円玉《えんだま》と100円玉《えんだま》は存在《そんざい》しないにゃ。

昭和《しょうわ》64年《ねん》（1989年《ねん》）は、昭和《しょうわ》の最後《さいご》の年《とし》にゃ。

昭和《しょうわ》64年《ねん》1月《がつ》7日《か》に昭和天皇《しょうわてんのう》が亡《な》くなったにゃ。それで「平成《へいせい》」が始《はじ》まったから、なんと昭和《しょうわ》64年《ねん》は7日間《かかん》しかなかったにゃ。

その7日間《かかん》に50円玉《えんだま》と100円玉《えんだま》は製造《せいぞう》されなかったので、1枚《まい》も存在《そんざい》しないにゃ。

たった7日間《かかん》で終《お》わった昭和《しょうわ》64年《ねん》…どんな7日間《かかん》だったのかにゃ…。

ギモン 06

信用《しんよう》があれば何《なん》でもお金《かね》になるにゃ？

自分《じぶん》で「1万円《まんえん》」って書《か》いた紙《かみ》でも、信用《しんよう》があればお金《かね》として使《つか》えるにゃ？

そんなばかな、と言《い》いたいところだけど…

理論上《りろんじょう》は信用《しんよう》さえあればどんなものもお金《かね》として使《つか》えるにゃ！

お金《かね》じゃないけど、信用《しんよう》があるから
お金《かね》のように使《つか》えるものも実際《じっさい》にあるにゃ。
たとえば…

プリペイドカード

クーポン

商品券《しょうひんけん》

小切手《こぎって》

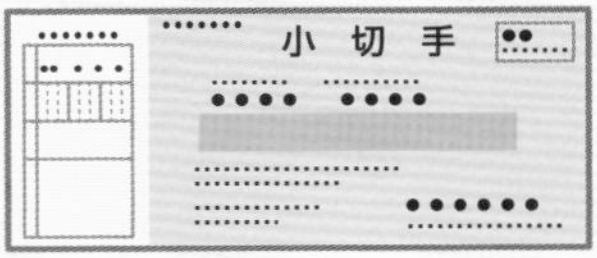

「これは価値《かち》のあるものといつでも交換《こうかん》できる」とみんなが信《しん》じれば、お金《かね》のように使《つか》うことができるにゃ。

財宝《ざいほう》が
見《み》つからなかったら
クーポン券《けん》を
集《あつ》めようかにゃ…。

じゃあ、信用《しんよう》さえあれば折《お》り紙《がみ》で作《つく》ったお金《かね》でもいいにゃ!?

簡単《かんたん》にニセモノが作《つく》れちゃうようなものはダメにゃ…。

じゃあ、
ちびネコに
金額《きんがく》を書《か》くのは
どうにゃ?

それは
かわいそうにゃ…。

なかなかOK《オーケー》がでないにゃ。どんなものならオタネコのおメガネにかなうにゃ?

別《べつ》に自分《じぶん》の好《この》みで言《い》ってるわけじゃないんだけどにゃ。お金《かね》じゃないけどお金《かね》として使《つか》われたことがあるもので言《い》うと…

過去《かこ》に、**トランプカードを切《き》ったもの**がお金《かね》として使《つか》われたことがあるにゃ。

今《いま》からこの
トランプを
お金《かね》に
変《か》えるにゃ。

トランプが
お金《かね》に?
手品《てじな》の話《はなし》
にゃ?

タネも
しかけもない、
現実《げんじつ》の話《はなし》にゃ。

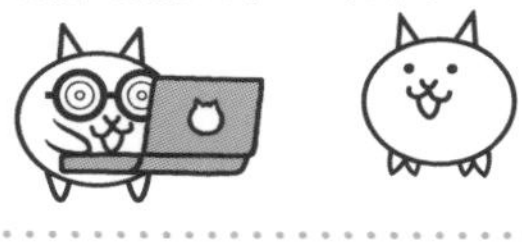

17世紀《せいき》にフランスが戦争《せんそう》をしていたとき、戦地《せんち》で兵士《へいし》たちにお給料《きゅうりょう》を払《はら》うためのお金《かね》が足《た》りなくなってしまったにゃ。

そこで、兵士《へいし》たちが持《も》っていたトランプカードに司令《しれい》官《かん》がサインをして、「本国《ほんごく》のちゃんとしたお金《かね》と交換《こうかん》できる」という仮《かり》のお金《かね》として使《つか》ったにゃ。

司令官《しれいかん》のサインがあるから、信用《しんよう》されたってことにゃ?

エライ人《ひと》が
「使《つか》える」って
保証《ほしょう》して
くれている
なら安心《あんしん》にゃ。

そう、それに、トランプの絵《え》柄《がら》には細《こま》かい絵《え》が印刷《いんさつ》されているから、ニセモノも作《つく》りづらくてお金《かね》にピッタリだったんだろうにゃ。

信用《しんよう》さえあれば、本当《ほんとう》に何《なん》でもお金《かね》にできちゃうにゃ…!

トランプに自分《じぶん》で
サインしたにゃ!
これでお菓子《かし》を
売《う》ってほしいにゃ!

ごめんにゃ。
ネコのサインだと
肝心《かんじん》の信用《しんよう》が
イマイチないにゃ。

大人《おとな》も知《し》らない!?　お金《かね》のマメ知識《ちしき》にゃ。

おつりの代《か》わりに、アメをくれる国《くに》もあるにゃ！

小《ちい》さな額《がく》のお金《かね》があまり出回《でまわ》っていない国《くに》ではたまにあることにゃ。

日本《にほん》の1円玉《えんだま》にあたるような、小《ちい》さな金額《きんがく》のお金《かね》が世《よ》の中《なか》にあまりたくさん出回《でまわ》っていない国《くに》もあるにゃ。

そういう国《くに》では、おつりの小銭《こぜに》がお店《みせ》にないとき、アメやチョコレートを代《か》わりにくれることがあるにゃ。

まるでアメがお金《かね》の代《か》わりのようだけど、お客《きゃく》さん側《がわ》がアメを小《こ》銭《ぜに》として使《つか》うことはできない場《ば》合《あい》がほとんどにゃ。1円単位《えんたんい》まできっちりおつりをくれる日本《にほん》に慣《な》れていると、ちょっとびっくりする習慣《しゅうかん》にゃ！

CHOCOLATE

ブラジルやバリ島《とう》なんかであるらしいにゃ〜。

暮《く》らしている人《ひと》が不便《ふべん》じゃないなら、それもアリにゃ。

小《こ》切《ぎっ》手《て》ってなんにゃ？

払《はら》いたい金《きん》額《がく》を書《か》けば、その金《きん》額《がく》のお金《かね》として使《つか》える紙《かみ》にゃ！

簡単《かんたん》に言《い》うと、「この紙《かみ》を持《も》って来《き》た人《ひと》に、銀行《ぎんこう》に預《あず》けているお金《かね》のなかから書《か》いてある金額《きんがく》をあげてください」って銀行《ぎんこう》にお願《ねが》いする紙《かみ》にゃ。小切手《こぎって》を使《つか》いたい人《ひと》は、銀行《ぎんこう》にお金《かね》を預《あず》けておけば、高《たか》いものを買《か》うときもたくさんの現《げん》金《きん》を持《も》ち歩《ある》いたりしなくていいにゃ。サインと金額《きんがく》さえ書《か》けばお金《かね》と同《おな》じように相手《あいて》に渡《わた》すだけでいいから、高額《こうがく》なお金《かね》のやりとりをするのにとっても便利《べんり》にゃ。

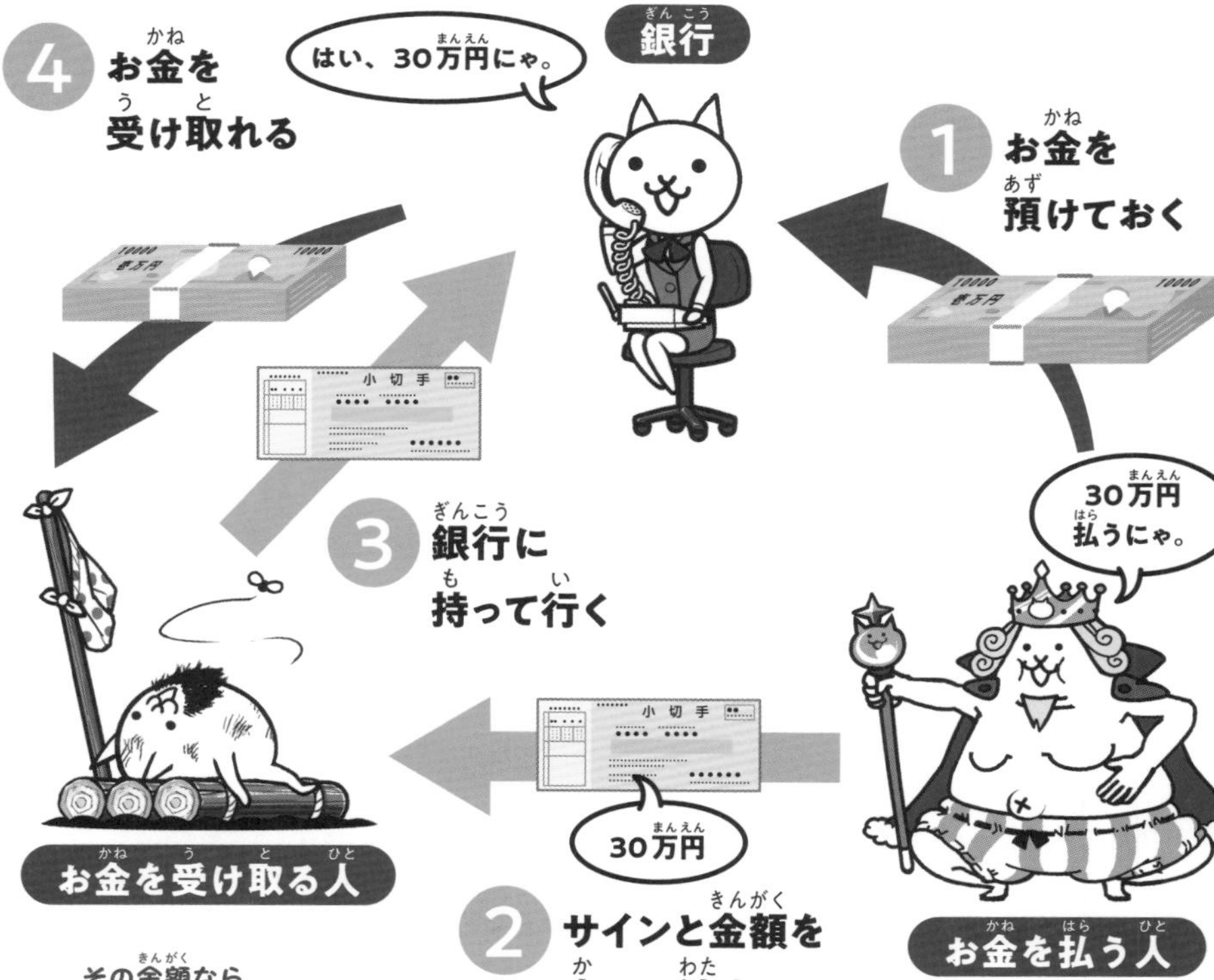
銀行《ぎんこう》
1 お金《かね》を預《あず》けておく
30万円《まんえん》払《はら》うにゃ。
お金《かね》を払《はら》う人《ひと》
2 サインと金額《きんがく》を書《か》いて渡《わた》す
小切手
30万円《まんえん》
3 銀行《ぎんこう》に持《も》って行《い》く
4 お金《かね》を受《う》け取《と》れる
はい、30万円《まんえん》にゃ。
お金《かね》を受《う》け取《と》る人《ひと》

その金額《きんがく》なら、
現金《げんきん》で払《はら》ったほうが
便利《べんり》だと思《おも》うにゃ。

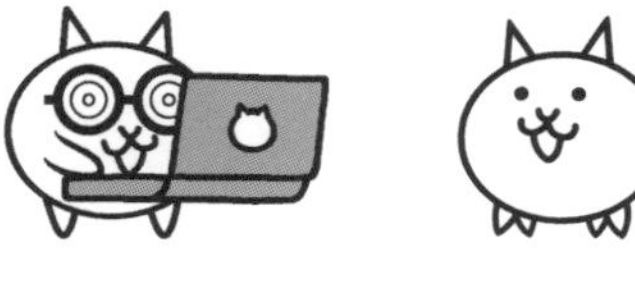

銀行《ぎんこう》に預《あず》けてる
お金《かね》は120円《えん》だから、
はい、120円《えん》の
小切手《こぎって》にゃ。

ギモン 07

こっそり本物《ほんもの》そっくりのお札《さつ》を作《つく》ったら大金持《おおがねも》ちにゃ？

すごいことに気《き》づいたにゃ！
コピーすれば無限《むげん》にお金《かね》がなくならないにゃ！

そのアイデア、実行《じっこう》する前《まえ》に言《い》ってくれてよかったにゃ。

お札《さつ》をコピーするのは犯罪《はんざい》！すごく重《おも》い罪《つみ》に問《と》われるにゃ。

お札《さつ》にはニセモノが作《つく》れないように、偽造防止《ぎぞうぼうし》の技術《ぎじゅつ》がたくさん使《つか》われているにゃ。

2024年《ねん》に発行予定《はっこうよてい》の新《しん》1万円札《まんえんさつ》の例《れい》

ホログラム

角度《かくど》を変《か》えると、色《いろ》や模様《もよう》が変化《へんか》して見《み》えるにゃ。

すき入《い》れバーパターン

光《ひかり》に透《す》かすと、3本《ぼん》の縦《たて》棒《ぼう》が見《み》えるにゃ。

潜像模様《せんぞうもよう》

傾《かたむ》けると、「10000」の文字《もじ》が浮《う》かび上《あ》がるにゃ。

マイクロ文字《もじ》

コピー機《き》では再現《さいげん》できない小《ちい》さな「NIPPON《ニッポン》 GINKO《ギンコウ》」という文字《もじ》が印刷《いんさつ》されているにゃ。

ニセモノのお金《かね》が出《で》回《まわ》るようなことがあると、社会全体《しゃかいぜんたい》が混《こん》乱《らん》するから、いろんな技術《ぎじゅつ》で防《ふせ》いでいるにゃ。

ほかにも、**紫外線《しがいせん》を当《あ》てると光《ひか》る特殊《とくしゅ》なインキ**が使《つか》われていたりするにゃ！

特殊発光《とくしゅはっこう》インキ

コピーでは写《うつ》らなそうなものがいっぱいにゃ…。

そう、コピー機《き》の性能《せいのう》がアップしてきたのに対抗《たいこう》して、偽造防止技術《ぎぞうぼうしぎじゅつ》もどんどん進《しん》化《か》したにゃ！

1年《ねん》くらい
かけたらそっくりな
絵《え》を描《か》けそうな気《き》が
するにゃ。

1年《ねん》で1枚《まい》…
あんまりお金《かね》持《も》ちには
なれなそうにゃ。

なんでそんなにニセモノを作《つく》っちゃダメにゃ？

もし、日本国内《にほんこくない》で使《つか》われているお金《かね》にニセモノが交《ま》ざってるって言《い》われたら、ネコならどうするにゃ？

持《も》ってるお金《かね》が
あとでニセモノって
わかって
使《つか》えなくなったら
いやにゃ…。
急《いそ》いで別《べつ》のものに
換《か》えておくにゃ！

ニセモノかも
しれないお札《さつ》で
売《う》るのはいやにゃ。

急《きゅう》にお金《かね》のやりとりがうまくいかなくなってしまったにゃ！

お金《かね》の価値《かち》を支《ささ》えていた**信用《しんよう》**がなくなったからにゃ。

信用《しんよう》がないと、本物《ほんもの》のお金《かね》でもお金《かね》として使《つか》えなくなるにゃ…？

そういうことにゃ。
それに、世《よ》の中《なか》にあるお金《かね》の量《りょう》を勝手《かって》に増《ふ》やしたり減《へ》らしたりすると、社会《しゃかい》がすごく混乱《こんらん》するから、重《おも》〜い犯罪《はんざい》になるにゃ。

この本《ほん》に載《の》ってるお金《かね》の
写真《しゃしん》も、わざわざ
赤《あか》い線《せん》を
引《ひ》いたりしてるのは
ニセモノとして
出《で》回《まわ》らないように
するためにゃ。

やけに赤《あか》い線《せん》が
入《はい》ってるのは
そういう理由《りゆう》
だったにゃ…！

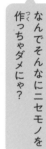

大人《おとな》も知《し》らない!? お金《かね》のマメ知識《ちしき》にゃ。

貝《かい》がお金《かね》だった時代《じだい》から、お金《かね》の信用《しんよう》を保《たも》つ努力《どりょく》がされていたにゃ。

たとえば、13世紀《せいき》後半《こうはん》の中国《ちゅうごく》の雲南《うんなん》という地域《ちいき》で使《つか》われていた、貝《かい》のお金《かね》。この貝《かい》、実《じつ》は雲南《うんなん》からとても遠《とお》いところで採《と》れる貝《かい》で、わざわざ海《うみ》を越《こ》えて運《はこ》んで使《つか》われていたにゃ。雲南《うんなん》の役人《やくにん》は、その貝《かい》の入手《にゅうしゅ》ルートを管理《かんり》していて、勝手《かって》に別《べつ》のルートから持《も》ち込《こ》んだりすることを禁止《きんし》していたそうにゃ。

貝《かい》がお金《かね》の場合《ばあい》も、そうやって出《で》回《まわ》るお金《かね》の量《りょう》や信用《しんよう》を保《たも》つことに、気《き》をつけていたにゃ。

※貝が採れる地域は一例です。
地図で示したモルディブのほか、タイ沿岸なども貝の供給地だったといわれています。

そのへんで拾《ひろ》ってきた貝《かい》じゃダメってことにゃ。

手品《てじな》に使《つか》うためなら、お金《かね》に細工《さいく》をしてもいいにゃ？

どんな目的《もくてき》でも、硬貨《こうか》を加工《かこう》すると罪《つみ》になるにゃ。

日本《にほん》には硬貨《こうか》を傷《きず》つけたり、加《か》工《こう》したりすると罰《ばっ》せられる法律《ほうりつ》があるにゃ。

偽造《ぎぞう》したり悪《わる》いことに使《つか》うつもりではなくても、穴《あな》を開《あ》けたり削《けず》ったりすると罪《つみ》になるので、絶《ぜっ》対《たい》にやってはダメにゃ。

ちなみに、お札《さつ》はこの法律《ほうりつ》の対象《たいしょう》にならないにゃ。

罪《つみ》にならなくても、お金《かね》は大切《たいせつ》に扱《あつか》わなきゃダメにゃ。

今《いま》までニセ札《さつ》が見《み》つかったことってあるにゃ？

1961年《ねん》（昭《しょう》和《わ》36年《ねん》）に、日本《にほん》を揺《ゆ》るがすニセ札《さつ》事件《じけん》があったにゃ！

1961年《ねん》からの2年間《ねんかん》に、秋田県《あきたけん》をはじめとした各県《かくけん》でニセモノの千円札《せんえんさつ》が次々《つぎつぎ》と発見《はっけん》されたにゃ。

とてもよくできたニセ札《さつ》で、最終《さいしゅう》的《てき》に全国《ぜんこく》で合計《ごうけい》343枚《まい》も発見《はっけん》されたけど、結局《けっきょく》犯人《はんにん》は捕《つか》まらず事件《じけん》は迷宮《めいきゅう》入《い》りしてしまったにゃ…。

この事件《じけん》のせいでそれまでの千《せん》円札《えんさつ》は信用《しんよう》がなくなってしまい、1963年《ねん》（昭和《しょうわ》38年《ねん》）には新《あたら》しい千円札《せんえんさつ》が発行《はっこう》されたにゃ。

犯人《はんにん》、見《み》つけたらしっかりめにおしおきにゃ。

ギモン 08

お金《かね》の信用《しんよう》がなくなるとどうなるにゃ？

社会《しゃかい》が混乱《こんらん》するって、どんな感《かん》じにゃ？
どのお祭《まつ》りに似《に》てるにゃ？

めでたくないから、どのお祭《まつ》りにも似《に》てないにゃ。

お金《かね》の価値《かち》が下《さ》がって、買《か》い物《もの》で今《いま》までよりたくさんお金《かね》が必要《ひつよう》になったりするにゃ。！

お金《かね》の信用《しんよう》がなくなると、こうなる！

たこやき1パック
600万円《まんえん》にゃ!
たこやき1パック
くださいにゃ。

冗談《じょうだん》じゃなくて、現《げん》実《じつ》になる可能性《かのうせい》もあるにゃ。お金《かね》の価値《かち》が下《さ》がって、誰《だれ》もそのお金《かね》とものを交換《こうかん》したがらなくなってしまうにゃ。

こういう冗談《じょうだん》を言《い》うおじさん、大阪《おおさか》にいっぱいいたにゃ。

ネコ、100兆《ちょう》あげるにゃ。

100兆《ちょう》…!?
ほんとにくれるにゃ!?

本当《ほんとう》にゃ。ただし、
100兆《ちょう》**ジンバブエ・ドル**にゃ。

RESERVE BANK OF ZIMBABWE
ONE HUNDRED TRILLION DOLLARS

ゼロが14個《こ》もある！
ホントに100兆《ちょう》にゃ！
これでお金持《かねも》ちにゃ！

ジンバブエ・ドルは、かつてお金《かね》としての信用《しんよう》がなくなって、すごく価値《かち》が下《さ》がってしまったお金《かね》にゃ。このお札《さつ》は今《いま》はもう出回《でまわ》ってないにゃ。

お金《かね》の価値《かち》が下《さ》がるって、どういうことにゃ？

「そのお金《かね》を持《も》っていても、ものと交換《こうかん》できなくなるかもしれない」という不安《ふあん》から、みんなお金《かね》をどんどんものと交換《こうかん》し始《はじ》めるにゃ。すると、ものの値段《ねだん》が上《あ》がるにゃ。

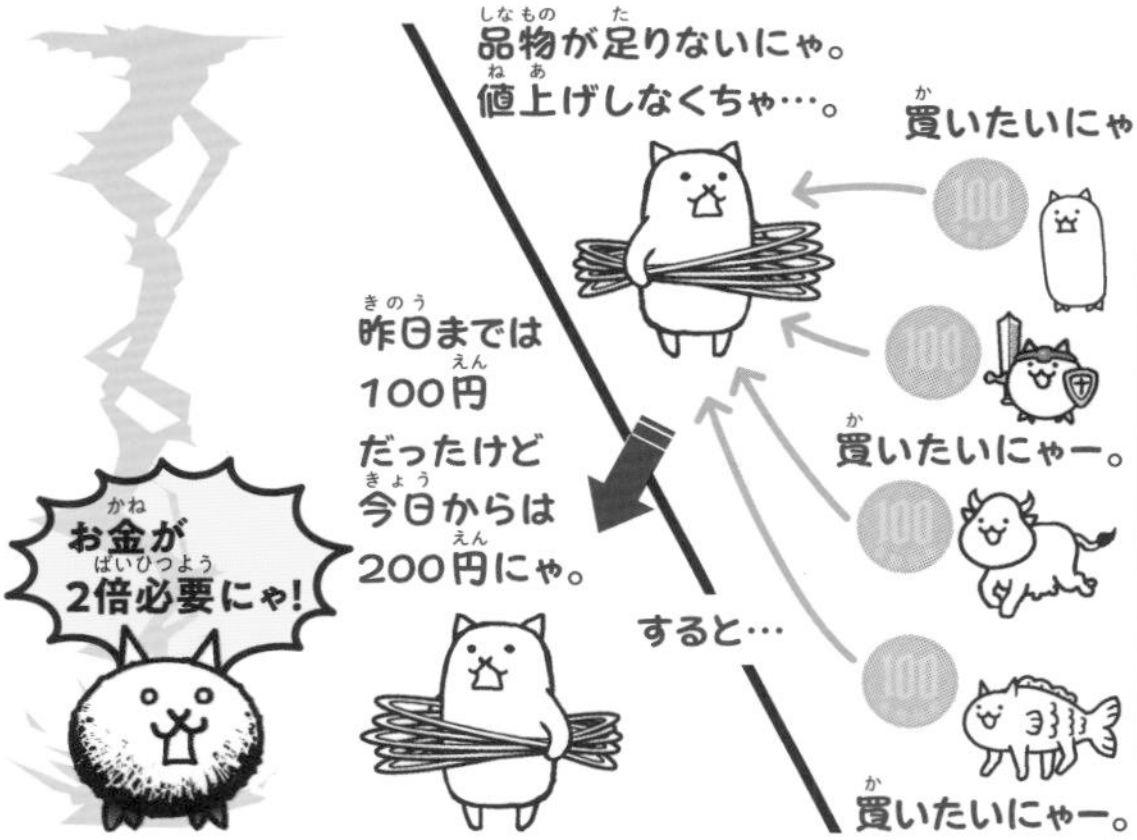
買《か》いたいにゃー。
買《か》いたいにゃー。
買《か》いたいにゃー。
品物《しなもの》が足《た》りないにゃ。
値上《ねあ》げしなくちゃ…。
すると…
昨日《きのう》までは
100円《えん》
だったけど
今日《きょう》からは
200円《えん》にゃ。
お金《かね》が
2倍必要《ばいひつよう》にゃ!

昨日《きのう》100円《えん》で買《か》えたものが、今日《きょう》は200円《えん》ないと買《か》えない。それは、**お金《かね》の価値《かち》が半《はん》分《ぶん》に減《へ》った、ということ**にゃ。

半分《はんぶん》しか
買《か》えなくても
落《お》ち込《こ》ま
ないでにゃ。

ジンバブエでは**急激《きゅうげき》にもものの値段《ねだん》が上《あ》がってしまう「ハイパーインフレ」**が起《お》きて、お金《かね》の価値《かち》がどんどん下《さ》がって、ふつうの買《か》い物《もの》をするにも高額《こうがく》なお札《さつ》が必要《ひつよう》になったにゃ。

つまり、この100兆《ちょう》ジンバブエ・ドル札《さつ》は…？

当時《とうじ》、最後《さいご》は
日本《にほん》の0.3円《えん》
分《ぶん》くらいの
価値《かち》になった
にゃ。
0.3円《えん》…！

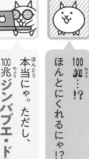

大人《おとな》も知《し》らない!? お金《かね》のマメ知識《ちしき》にゃ。

見《み》た目《め》が「安《やす》っぽい」せいで使《つか》われなかったお札《さつ》があるにゃ。

太平洋戦争《たいへいようせんそう》が終《お》わった直後《ちょくご》の1945年《ねん》(昭和《しょうわ》20年《ねん》)、日本《にほん》で急《いそ》いで用意《ようい》されたお札《さつ》のうち何種《なんしゅ》類《るい》かは、できばえがイマイチだったせいで使《つか》われないまま終《お》わったにゃ。

なかでも「は十円券《じゅうえんけん》」は、当時《とうじ》の大蔵大臣《おおくらだいじん》が偶然印刷中《ぐうぜんいんさつちゅう》の様子《ようす》を見《み》て、あまりにも貧弱《ひんじゃく》なお札《さつ》に見《み》えたせいで発行《はっこう》が中止《ちゅうし》になったらしいにゃ。見《み》た目《め》の質《しつ》が悪《わる》いせいで、お金《かね》に対《たい》する信用《しんよう》がなくなってしまうことをおそれたにゃ。

見《み》た目《め》って
大事《だいじ》にゃ…。

「は十円券《じゅうえんけん》」
(日本銀行金融研究所貨幣博物館所蔵)

ニセ札《さつ》以外《いがい》にも、お金《かね》の信用《しんよう》がなくなることってあるにゃ？

国《くに》が「お金《かね》を払《はら》う約束《やくそく》」を守《まも》れなくなったときも、信用《しんよう》がなくなるにゃ！

国《くに》が外国《がいこく》や企業《きぎょう》などから借《か》りているお金《かね》を約束通《やくそくどお》りの日《ひ》に返《かえ》せなかったり、利子《りし》を払《はら》ったりできなくなるとその国《くに》のお金《かね》の信用《しんよう》はがた落《お》ちになるにゃ。

ちなみにこれを「デフォルト(債《さい》務《む》不履行《ふりこう》)」というにゃ。

約束《やくそく》を守《まも》るって
大事《だいじ》にゃ。
大事《だいじ》なことは
だいたい赤《あか》ちゃんの
うちに教《おそ》わってる
ものにゃ。

ふりかえりクイズ

全問正解《ぜんもんせいかい》したら完全勝利《かんぜんしょうり》にゃ！　全部《ぜんぶ》まちがえたら…
15ページ前《まえ》から何度《なんど》でもやりなおせばいいにゃ。

Q1

基本《きほん》

日本《にほん》の100円玉《えんだま》が「100円《えん》」のお金《かね》として使《つか》えるのは、□□があるから。□□に入《はい》る言葉《ことば》は？

□□

Q2

基本《きほん》

物価《ぶっか》が上《あ》がり、前《まえ》は100円《えん》で買《か》えていたリンゴが200円《えん》ないと買《か》えなくなった。このとき、お金《かね》の価値《かち》はどうなった？

①上《あ》がった　②変《か》わらない　③下《さ》がった

Q3

まあまあ

日本《にほん》の法律《ほうりつ》で罪《つみ》になって罰《ばっ》せられるのはどれとどれ？

①1000円札《えんさつ》をコピーする。
②500円玉《えんだま》にドリルで穴《あな》を開《あ》ける。
③5000円札《えんさつ》にらくがきをする。

Q4

激《げき》ムズ

国《くに》が、外国《がいこく》や企業《きぎょう》などから借《か》りているお金《かね》を約束通《やくそくどお》り返《かえ》せなくなることを何《なん》という？

□□□□□

お金《かね》って誰《だれ》が発行《はっこう》してるにゃ？

そんなに信用《しんよう》が大事《だいじ》なら、発行《はっこう》してる人《ひと》は
いちばん信用《しんよう》できる人《ひと》でしょう選手権《せんしゅけん》で優勝《ゆうしょう》した人《ひと》にゃ？

残念《ざんねん》だけど、そんな選手権《せんしゅけん》はないにゃ。

お札《さつ》は日本銀行《にっぽんぎんこう》が発行《はっこう》しているにゃ！

日本《にほん》では「日本銀行《にっぽんぎんこう》」がただひとつ、
お札《さつ》を発行《はっこう》できるところにゃ。

勝手《かって》にいろんな銀《ぎん》行《こう》がお札《さつ》を発行《はっこう》したら、お金《かね》の信用《しんよう》がなくなってしまうから、日本銀行《にっぽんぎんこう》だけがお札《さつ》を発行《はっこう》できるにゃ。

ちなみにコイン（貨幣《かへい》）を
発行《はっこう》するのは日本政府《にほんせいふ》、
作《つく》るのは造幣局《ぞうへいきょく》にゃ。

日本《にほん》のお札《さつ》を発行《はっこう》しているのは日本銀行《にっぽんぎんこう》。よく見《み》ると、お札《さつ》には**「日本銀行券《にっぽんぎんこうけん》」**って書《か》いてあるにゃ。

日本銀行《にっぽんぎんこう》？
街《まち》で見《み》たことないにゃ？

ほかの銀行《ぎんこう》とちがって、ふつうの人《ひと》が自分《じぶん》でお金《かね》を預《あず》けたりできる銀行《ぎんこう》じゃないにゃ。

忍者《にんじゃ》にしか
入口《いりぐち》がわからない
忍者専用銀行《にんじゃせんようぎんこう》にゃ？

ちがうにゃ。
東京《とうきょう》の日本橋《にほんばし》に
ふつうにあるにゃ。

日本銀行《にっぽんぎんこう》はお札《さつ》を発行《はっこう》したり、物価《ぶっか》を安定《あんてい》させたりするのが仕事《しごと》で、日本政府《にほんせいふ》やほかの銀行《ぎんこう》だけがお金《かね》を預《あず》けたり借《か》りたりすることができるにゃ。

そういう銀行《ぎんこう》のことを、**中央銀行《ちゅうおうぎんこう》**っていうにゃ。

日本《にほん》の真《ま》ん中《なか》に
あるにゃ？

ちがうにゃ。
東京《とうきょう》の日本橋《にほんばし》に
あるにゃ。

なんで日本銀行《にっぽんぎんこう》しかお札《さつ》を発行《はっこう》できないにゃ？

実《じつ》は、昔《むかし》はいろんな銀行《ぎんこう》がそれぞれお金《かね》を発行《はっこう》していたことがあるにゃ。そしたらお金《かね》の信用《しんよう》がなくなって、社《しゃ》会《かい》が混乱《こんらん》してしまったにゃ。

だから、**お札《さつ》を発行《はっこう》できるのは日本銀行《にっぽんぎんこう》だけ、と決《き》めてお金《かね》の信用《しんよう》が落《お》ちないようにしてる**にゃ。日本《にほん》のお金《かね》を安心《あんしん》して使《つか》えるようにするのが日本《にっぽん》銀行《ぎんこう》の役割《やくわり》にゃ！

安心《あんしん》してお金《かね》を使《つか》えるのは
日本銀行《にっぽんぎんこう》のおかげにゃ。

たよりになるにゃ。

こっちの銀行《ぎんこう》は
どうにゃ？
もうわけが
わからないにゃ！

あっちの銀行《ぎんこう》の
お札《さつ》は価値《かち》が
あんまりない
らしいにゃ！

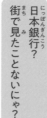

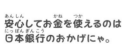

大人《おとな》も知《し》らない!? お金《かね》のマメ知識《ちしき》にゃ。

外国《がいこく》のお金《かね》にも、日本《にほん》で作《つく》っているものがあるにゃ。

2007年《ねん》以降《いこう》、10か国《こく》・15種類《しゅるい》の外国《がいこく》のお金《かね》が日本《にほん》で作《つく》られたにゃ。

日本《にほん》のコイン製造技術《せいぞうぎじゅつ》はとても高《たか》いので、注文《ちゅうもん》を受《う》けて外国《がいこく》のお金《かね》を作《つく》ることもあるにゃ。ジョージアやバングラデシュで使《つか》われているコインのほか、何《なに》かの記念《きねん》に発行《はっこう》される記念《きねん》コインなどを作《つく》ったことがあるにゃ。そのなかにはとってもキレイな、カラーのコインもあるにゃ!

日本《にほん》で作《つく》られた外国《がいこく》のお金《かね》

ジョージア20テトリ

バングラデシュ2タカ

「日本《にほん》ブルネイ外交関係《がいこうかんけい》樹立《じゅりつ》30周年《しゅうねん》」記念《きねん》
30ブルネイ・ドル銀貨幣《ぎんかへい》

「アオラキ／マウント・クック」
1ニュージーランド・ドル
記念銀貨幣《きねんぎんかへい》

美脚《びきゃく》ネコの足《あし》
くらい美《うつく》しいにゃ。

お札《さつ》って どのくらい 作《つく》られてるにゃ？

毎年《まいとし》およそ 30億枚《おくまい》作《つく》られているにゃ！

2021年度《ねんど》（令和《れいわ》3年度《ねんど》）に作《つく》られたお札《さつ》は、千円札《せんえんさつ》・5千円《せんえん》札《さつ》・1万円札《まんえんさつ》合《あ》わせて30億枚《おくまい》！金額《きんがく》にすると、12兆《ちょう》7400億円《おくえん》分《ぶん》にゃ。

ちなみに、同《おな》じ2021年度《ねんど》のコインの製造枚数《せいぞうまいすう》は全部《ぜんぶ》で8億《おく》2210万枚《まんまい》。金額《きんがく》にして、1965億《おく》3920万《まん》円分《えんぶん》にゃ！

何枚《なんまい》か
もらっても
バレないにゃ？

バレるにゃ。

お札《さつ》でできた トイレットペーパーがあるにゃ！

お札《さつ》が古《ふる》くなってボロボロになると、日本銀行《にっぽんぎんこう》に戻《もど》ってきたときに処分《しょぶん》されるにゃ。ほとんどは細《こま》かく切《き》られてから焼《や》かれてしまうけど、一部《いちぶ》はトイレットペーパーなどにリサイクルされているにゃ。

お札《さつ》は特殊《とくしゅ》なインクが使《つか》われていたり、紙自体《かみじたい》も特別丈夫《とくべつじょうぶ》なもので作《つく》られているから、普通《ふつう》の紙《かみ》にリサイクルすることが難《むずか》しいにゃ。

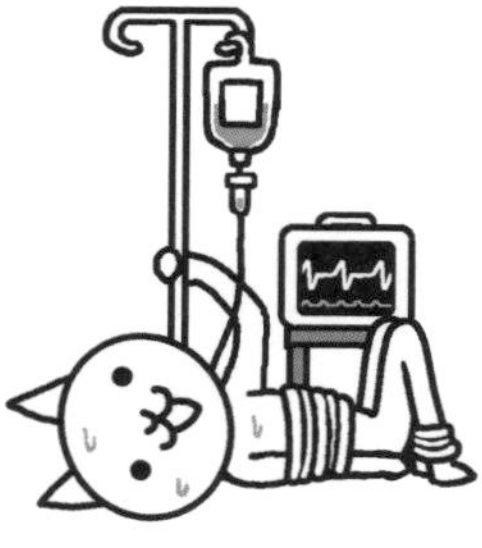
ボロボロに
なっても強《つよ》い、
それが本当《ほんとう》に
強《つよ》いってことにゃ。

第《だい》2章《しょう》

かしこいお金《かね》の使《つか》い方《かた》

そのお金《かね》の使《つか》い道《みち》、自分《じぶん》のため？ 人《ひと》のため？ 今《いま》のため？ 未来《みらい》のため？

1万円《まんえん》あったら何《なに》に使《つか》いたいにゃ？

1万円《まんえん》!?

1万円《まんえん》もあったらお菓子《かし》買い放題《ほうだい》にゃ！ お菓子《かし》買いまくりにゃ！

1万円《まんえん》、ぜんぶお菓子《かし》を買《か》うにゃ？ 食《た》べきれるにゃ？

お菓子《かし》なら無限《むげん》に食《た》べられる自信《じしん》あるにゃ。試《ため》したことはないけど。

無理《むり》するのはよくないにゃ。…食《た》べ終《お》わっちゃったら何《なに》も残《のこ》らないけど、それでも本《ほん》当《とう》にいいにゃ？

でも、今《いま》ほかに欲《ほ》しいものもないし…。

何《なん》のために お金《かね》を使《つか》う？

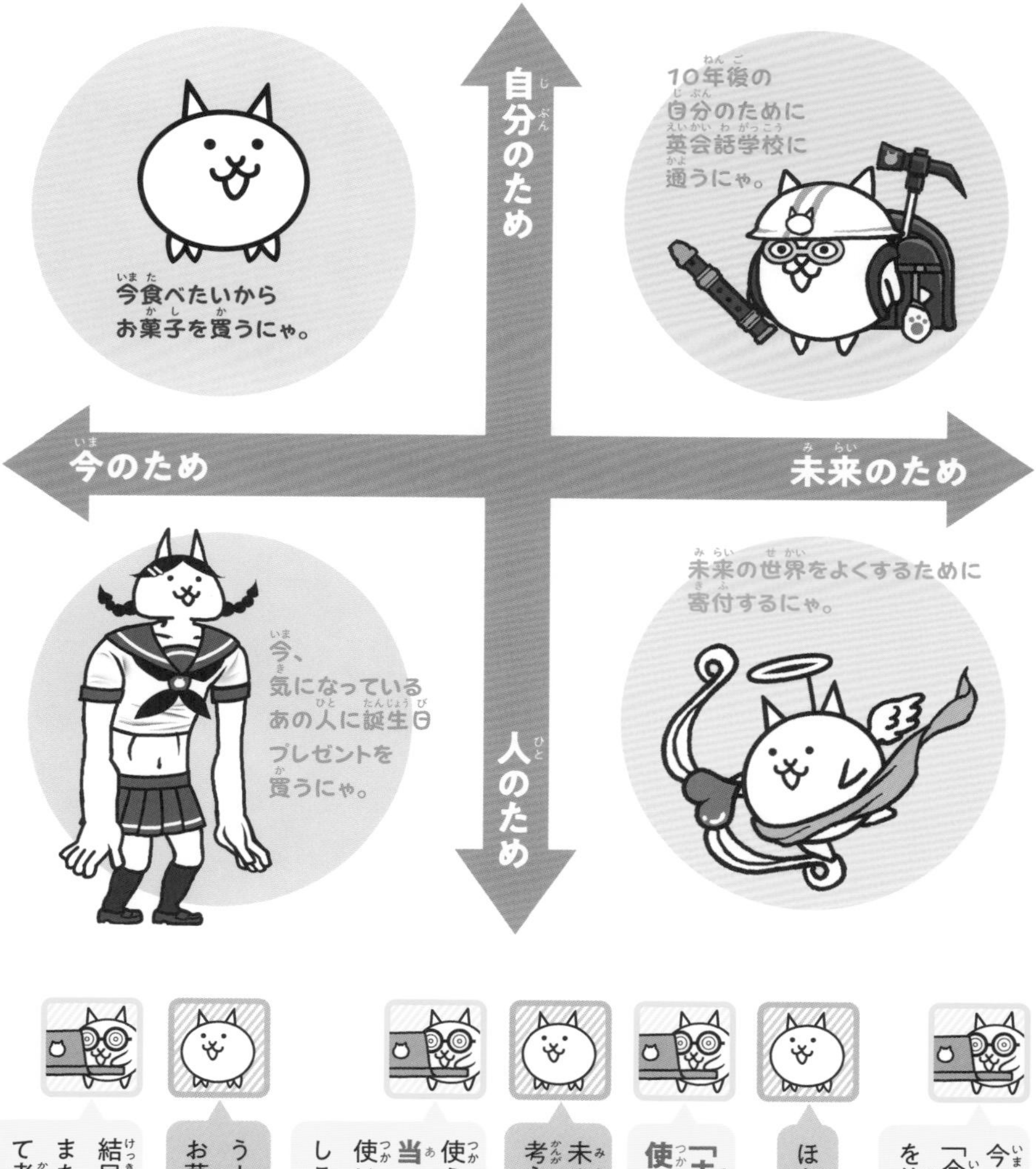
自分《じぶん》のため
人《ひと》のため
今《いま》のため
未来《みらい》のため
今《いま》食《た》べたいから
お菓子《かし》を買《か》うにゃ。
10年後《ねんご》の
自分《じぶん》のために
英会話学校《えいかいわがっこう》に
通《かよ》うにゃ。
今《いま》、
気《き》になっている
あの人《ひと》に誕生日《たんじょうび》
プレゼントを
買《か》うにゃ。
未来《みらい》の世界《せかい》をよくするために
寄付《きふ》するにゃ。

今《いま》食《た》べるお菓子《かし》を買《か》うのは、「今《いま》」の「自分《じぶん》」のためにお金《かね》を使《つか》うってことにゃ。

ほかに使《つか》い方《かた》があるにゃ？

「未来《みらい》」や「人《ひと》」のために使《つか》うこともできるにゃ。

未来《みらい》のために使《つか》うなんて考《かんが》えたこともなかったにゃ。

使《つか》う前《まえ》に**上《うえ》の図《ず》のどこに当《あ》てはまるか考《かんが》える**と、使《つか》い道《みち》が広《ひろ》がってお金《かね》をかしこく使《つか》えるにゃ！

うーん…考《かんが》えた結果《けっか》…お菓子《かし》を買《か》うにゃ！

結局《けっきょく》いっしょだったにゃ。まあいいにゃ、立《た》ち止《ど》まって考《かんが》えることが大切《たいせつ》ってことにゃ。

まずは「今《いま》の自分《じぶん》のために使《つか》うお金《かね》」を、もっとかしこく使《つか》うためにお金《かね》のしくみを教《おし》えるにゃ！

お菓子《かし》が材料代《ざいりょうだい》よりも高《たか》い値段《ねだん》で売《う》られてるのはどうしてにゃ?

ぜったい材料代《ざいりょうだい》はもっと安《やす》いにゃ! 不思議《ふしき》にゃ!

いや、不思議《ふしぎ》じゃないにゃ。
材料代《ざいりょうだい》そのままで売《う》ってるお店《みせ》があったら逆《ぎゃく》に心配《しんぱい》にゃ。

ものの値段《ねだん》には、作《つく》る・売《う》るのにかかるお金《かね》と売《う》る人《ひと》の取《と》り分《ぶん》が含《ふく》まれているからにゃ!

両方《りょうほう》含《ふく》めてものの値段《ねだん》

作《つく》る・売《う》るのにかかるお金《かね》（原価《げんか》）

材料代《ざいりょうだい》

作《つく》る人《ひと》に払《はら》うお給料《きゅうりょう》

運《はこ》ぶのにかかるお金《かね》

売《う》るお店《みせ》の電気代《でんきだい》や家賃《やちん》、器具代《きぐだい》　など…

＋

売《う》る人《ひと》の取《と》り分《ぶん》・もうけ（利益《りえき》）

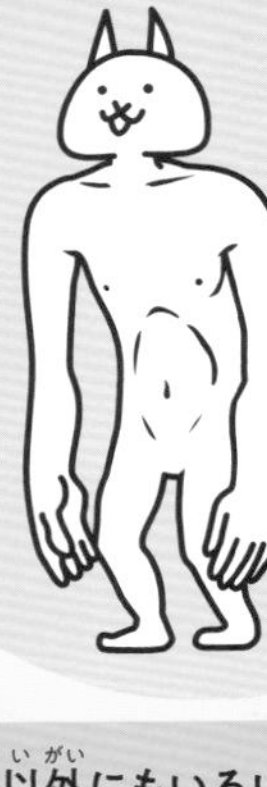

売《う》ってもうけたお金《かね》で生活《せいかつ》したり、好《す》きなものを買《か》うにゃ。

売《う》っているものには、材料代《ざいりょうだい》以外《いがい》にもいろいろお金《かね》がかかっているにゃ。それを含《ふく》んだ値段《ねだん》にしないと、売《う》る人《ひと》が損《そん》をしてしまうにゃ。

ネコがラーメン屋《や》さんになるとしたら、ラーメン1杯《ばい》いくらにするにゃ？

たくさんの人《ひと》に食《た》べてもらいたいから…100円《えん》にするにゃ！

いくらなんでも安《やす》すぎにゃ。材料代《ざいりょうだい》にも足《た》らないにゃ。

材料代《ざいりょうだい》で500円《えん》はかかるにゃ。

意外《いがい》とかかるにゃ。

じゃあ、500円《えん》にするにゃ！

お店《みせ》の電気代《でんきだい》はどうするにゃ？

それもあったにゃ。

電気代《でんきだい》以外《いがい》にも、ガス代《だい》や水道代《すいどうだい》、お店《みせ》の家賃《やちん》やお店《みせ》で働《はたら》く人《ひと》のお給料《きゅうりょう》とか、かかるお金《かね》はいっぱいあるにゃ。

作《つく》ったり売《う》ったりするのにかかるお金《かね》のことを原価《げんか》っていうにゃ。原価《げんか》より高《たか》い値段《ねだん》にしないと、売《う》っても損《そん》をしてしまうにゃ。

むむむ…それなら、750円《えん》でどうにゃ！　きっとすぐに大《だい》人気《にんき》で行列《ぎょうれつ》ができるラーメン屋《や》さんになるはずだから、それくらいで大丈夫《だいじょうぶ》にゃ！

すごい自信《じしん》にゃ。たしかに、たくさん売《う》れれば1杯《ばい》ずつの値段《ねだん》は下《さ》げられるにゃ。

でも、もうひとつ大事《だいじ》なことを忘《わす》れてるにゃ。

自分《じぶん》の取《と》り分《ぶん》のことを忘《わす》れてないにゃ？

忘《わす》れてたにゃ。

売《う》る人《ひと》の取《と》り分《ぶん》のことを利益《りえき》っていうにゃ。**ものの値段《ねだん》は「原価《げんか》」に「利益《りえき》」を追加《ついか》した金額《きんがく》**にしなくちゃダメにゃ。

ものの値段《ねだん》

利益《りえき》
原価《げんか》

じゃあ、原価《げんか》が1杯《ばい》750円《えん》で、自分《じぶん》の取《と》り分《ぶん》を入《い》れると…**1万《まん》750円《えん》にゃ！**

取《と》り分《ぶん》での値上《ねあ》げがすごいにゃ。

1万《まん》750円《えん》のラーメン…ネコは食《た》べるにゃ？

もちろん食《た》べないにゃ！

大人《おとな》も知《し》らない!? お金《かね》のマメ知識《ちしき》にゃ。

「食《た》べ放題《ほうだい》」のお店《みせ》って、もうけはあるにゃ?

原価《げんか》を低《ひく》くおさえる工夫《くふう》をしているにゃ。

食《た》べ放題《ほうだい》のお店《みせ》では、時間制限《じかんせいげん》があったり、お客《きゃく》さんにセルフサービスをしてもらって働《はたら》く人《ひと》の人数《にんずう》を少《すく》なくしたりするところが多《おお》いにゃ。いろいろな工夫《くふう》で原価《げんか》が低《ひく》くおさえられているから、お客《きゃく》さんがたくさん食《た》べてももうけが出《で》るにゃ!

元《もと》をとろうとしてつい食《た》べすぎるのも幸《しあわ》せな時間《じかん》にゃ。

魚《さかな》や野菜《やさい》が時期《じき》によって値段《ねだん》がちがうのはどうしてにゃ?

たくさんとれる「旬《しゅん》」は安《やす》くなるにゃ。

魚《さかな》や野菜《やさい》には、それぞれたくさんとれる時期《じき》「旬《しゅん》」があるにゃ。旬《しゅん》のものは、とるのにかかるお金《かね》も低《ひく》くおさえられるし、お店《みせ》に同《おな》じ品物《しなもの》がたくさん並《なら》ぶから値段《ねだん》が安《やす》くなるにゃ。逆《ぎゃく》に季節《きせつ》はずれのものは、収穫《しゅうかく》するのに手間《てま》がかかるので高《たか》くなる場合《ばあい》が多《おお》いにゃ!

「赤字《あかじ》」って何《なん》のことにゃ?

出《で》ていくお金《かね》が、入《はい》ってくるお金《かね》を上回《うわまわ》ることにゃ。

会社《かいしゃ》やお店《みせ》では、お金《かね》やものの出入《でい》りを記録《きろく》しなければいけないにゃ。そのとき、入《はい》ってくるお金《かね》より出《で》ていくお金《かね》が多《おお》くなると、足《た》りない分《ぶん》の金額《きんがく》は赤《あか》い文字《もじ》で書《か》く決《き》まりになっているにゃ。そこから、お金《かね》が足《た》りなくなることを「赤字《あかじ》」というにゃ。

ふりかえりクイズ

全問正解《ぜんもんせいかい》したら完全勝利《かんぜんしょうり》にゃ!　全部《ぜんぶ》まちがえたら…
3ページ前《まえ》から何度《なんど》でもやりなおせばいいにゃ。

Q1

レストランのメニューの値段《ねだん》に含《ふく》まれるもののうち、「原価《げんか》」になるのはどれ？　すべて選《えら》ぼう。

基本《きほん》

①お客《きゃく》さんの交通費《こうつうひ》
②フライパンなどの器具代《きぐだい》
③お店《みせ》の電気代《でんきだい》
④売《う》る人《ひと》のもうけ
⑤野菜《やさい》や肉《にく》などの材料代《ざいりょうだい》
⑥雇《やと》っているシェフの給料《きゅうりょう》

Q2

ものの値段《ねだん》に含《ふく》まれるもののうち、売《う》る人《ひと》の取《と》り分《ぶん》のことを漢字《かんじ》2文字《もじ》でなんという？

まあまあ

□□

Q3

原価《げんか》を下《さ》げるための工夫《くふう》として効果《こうか》があるのはどれ？

激《げき》ムズ

①バーゲン期間中《きかんちゅう》はもうけの金額《きんがく》を減《へ》らし、安《やす》く売《う》る。
②こだわりの高価《こうか》な材料《ざいりょう》を使《つか》って商品《しょうひん》を作《つく》る。
③お水《みず》をセルフサービスにして、お店《みせ》で働《はたら》く人《ひと》の数《かず》を減《へ》らす。

答《こた》え Q1②・③・⑤・⑥　Q2利益《りえき》　Q3③

ギモン 11

同《おな》じお菓子《かし》なのに、お店《みせ》によって値段《ねだん》がちがうのはどうしてにゃ？

値段《ねだん》をまちがえちゃうなんてうっかりさんなお店《みせ》にゃ。教《おし》えてあげたほうがいいにゃ？

たぶん、お店《みせ》の人《ひと》にきょとんとされると思《おも》うにゃ。

ものの値段《ねだん》は、お店《みせ》ごとの「もうけ（利益《りえき》）を出《だ》すための作戦《さくせん》」によっても変《か》わるからにゃ！

1か所《しょ》で大量《たいりょう》に注文《ちゅうもん》する分《ぶん》安《やす》く仕入《しい》れる！
お菓子《かし》を作《つく》っている工場《こうじょう》
運搬費《うんぱんひ》はたくさんかかるけど、お客《きゃく》さんの便利《べんり》さを優先《ゆうせん》！

スーパーマーケット

お店《みせ》の場所《ばしょ》は遠《とお》くて不便《ふべん》かもにゃ。でも、お客《きゃく》さんにたくさん買《か》ってもらえるように、安《やす》さと品揃《しなぞろ》えでは負《ま》けないにゃ！

150円《えん》

安《やす》くてついいろいろ買《か》っちゃうにゃ。

コンビニエンスストア

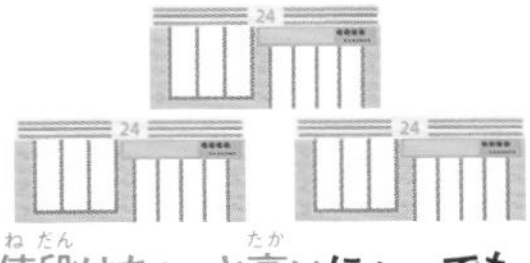
24
24
24

商品《しょうひん》の値段《ねだん》はちょっと高《たか》いにゃ。でも、いつでもどこでも買《か》えるように、いろんな場所《ばしょ》で24時間《じかん》営業《えいぎょう》。便利《べんり》さでは負《ま》けないにゃ！

200円《えん》

いつでもすぐ買《か》えるから、高《たか》くてもつい買《か》っちゃうにゃ。

売《う》るのにかかるお金《かね》も、もうけをどれくらいにするかも、お店《みせ》によっていろいろにゃ。どのお店《みせ》も、もうけるために工夫《くふう》しているにゃ。

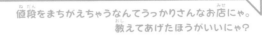

同《おな》じ商品《しょうひん》なのに、お店《みせ》によって売《う》ってる値段《ねだん》がちがうなんて納得《なっとく》いかないにゃ！

ものの値段《ねだん》は作《つく》って売《う》るのにかかるお金《かね》と利益《りえき》を足《た》した金額《きんがく》になるって、さっき説《せつ》明《めい》したにゃ？

そう…だったかにゃ？

はやくもうろ覚《おぼ》えにゃ？

この、「売《う》るのにかかるお金《かね》」も、「利益《りえき》をどれくらいにするか」も、お店《みせ》によってちがうにゃ。

なんでちがうにゃ？店長《てんちょう》の気《き》まぐれ？

気《き》まぐれじゃなくて、作戦《さくせん》にゃ。

自分《じぶん》ひとりで全部《ぜんぶ》やって、人《ひと》をやとうお金《かね》がかからない分《ぶん》、材料《ざいりょう》にお金《かね》をかけるにゃ！

お店《みせ》は無《な》しで、ネット上《じょう》でだけ販売《はんばい》してるにゃ。お店《みせ》の家賃《やちん》がかからない分《ぶん》安《やす》くできるにゃ。

なんか、みんなすっごく工夫《くふう》してるにゃ！

どうすればお客《きゃく》さんにお金《かね》を払《はら》ってもらえて、利益《りえき》を出《だ》せるか。それを工夫《くふう》して考《かんが》えるのがお店《みせ》の力《ちから》の見《み》せどころにゃ。

なるほどにゃ〜。お金《かね》をかせぐってなかなか大変《たいへん》にゃ。

同《おな》じお店《みせ》でも、時期《じき》によって値段《ねだん》が変《か》わることもあるにゃ。

そりゃあそういうこともあるにゃ。店長《てんちょう》の気《き》まぐれとかで。

世《よ》の中《なか》そんなに気《き》まぐれ店《てん》長《ちょう》の店《みせ》ばっかりじゃないにゃ。

年末年始《ねんまつねんし》にセールがあったり！

季節《きせつ》に合《あ》ったものが安《やす》くなったり、逆《ぎゃく》に季節外《きせつはず》れのものが安《やす》くなったり！

そういう値段《ねだん》の変化《へんか》を気《き》にしてみると、かしこく買《か》い物《もの》できるタイミングがわかってくるかもしれないにゃ！

大人《おとな》も知《し》らない!? お金《かね》のマメ知識《ちしき》にゃ。

同《おな》じようなものを売《う》っているお店《みせ》が近《ちか》くに集《あつ》まるのはどうしてにゃ？

お客《きゃく》さんもそこに集《あつ》まってくるからにゃ！

玩具街《おもちゃがい》、電気街《でんきがい》など、似《に》たようなお店《みせ》がたくさん集《あつ》まっている街《まち》があるにゃ。一見《いっけん》、お客《きゃく》さんをほかの店《みせ》にとられてしまいそうだけど、心配《しんぱい》ご無用《むよう》。似《に》たお店《みせ》が1か所《しょ》に集中《しゅうちゅう》しているおかげで、逆《ぎゃく》にお客《きゃく》さんが街《まち》に集《あつ》まってくるにゃ。だから似《に》たお店《みせ》が集中《しゅうちゅう》しているほうが有利《ゆうり》だったりするにゃ。

「ポイント」ってなんであるにゃ？

お客《きゃく》さんに何度《なんど》も来《き》てもらうための作戦《さくせん》にゃ。

お店《みせ》で買《か》い物《もの》をすると、「ポイントカード」を作《つく》れることがあるにゃ。

そのお店《みせ》で買《か》い物《もの》をするたびにポイントが貯《た》まるから、次《つぎ》に買《か》い物《もの》をするときも、たくさんのお店《みせ》の中《なか》から「ポイントカードのあるお店《みせ》」を選《えら》んでもらいやすくなるにゃ。

ポイントカードもうけるための作戦《さくせん》のひとつってわけにゃ。

「チェーン店《てん》」って何《なん》にゃ？

お店《みせ》のデザインなどを統一《とういつ》して、同《おな》じブランドとして営業《えいぎょう》するたくさんのお店《みせ》のことにゃ。

たとえば個人《こじん》でやっているお店《みせ》よりも、たくさんのお店《みせ》でつちかった上手《じょうず》な運営《うんえい》のしかたを共有《きょうゆう》できたり、ブランドがよく知《し》られていてお客《きゃく》さんを集《あつ》めやすいというメリットがあるにゃ。

安心感《あんしんかん》のかたまりにゃ。

ふりかえりクイズ

全問正解《ぜんもんせいかい》したら完全勝利《かんぜんしょうり》にゃ!　全部《ぜんぶ》まちがえたら…
3ページ前《まえ》から何度《なんど》でもやりなおせばいいにゃ。

Q1

まあまあ

誕生日《たんじょうび》パーティーを開《ひら》くのに、ジュースがたくさん必要《ひつよう》になった。費用《ひよう》をなるべく安《やす》くするには、どちらで買《か》う?

①コンビニエンスストア　②スーパーマーケット

Q2

まあまあ

朝《あさ》5時《じ》にランニングしていたら、どうしても炭酸入《たんさんい》りジュースが飲《の》みたくなってしまった。今《いま》すぐ確実《かくじつ》に手《て》に入《い》れるには、どこで買《か》う?

①近《ちか》くにある24時間営業《じかんえいぎょう》のコンビニエンスストア
②安《やす》さが人気《にんき》の、朝《あさ》8時開店《じかいてん》のスーパーマーケット
③地元《じもと》で評判《ひょうばん》の個人商店《こじんしょうてん》(開店時刻《かいてんじこく》は店主《てんしゅ》の気分次第《きぶんしだい》)

Q3

激《げき》ムズ

A店《エーてん》では150円《えん》で売《う》られていたお菓子《かし》が、B店《ビーてん》では100円《えん》で売《う》られていた。考《かんが》えられる理由《りゆう》のひとつは?

①B店《ビーてん》はA店《エーてん》より一気《いっき》に大量《たいりょう》に仕入《しい》れて、原価《げんか》を下《さ》げている。
②A店《エーてん》はB店《ビーてん》より一気《いっき》に大量《たいりょう》に仕入《しい》れて、原価《げんか》を下《さ》げている。

答《こた》え Q1②　Q2①　Q3①

ギモン 12

レアなおもちゃが高《たか》くなるのはどうしてにゃ?

すっごく昔《むかし》の古《ふる》いおもちゃが高《たか》い値段《ねだん》で売《う》られてたにゃ!
新品《しんぴん》じゃないのに変《へん》にゃ?

古《ふる》くてもすごくめずらしくて人気《にんき》のおもちゃかもにゃ。

売《う》りたい品物《しなもの》の数《かず》が少《すく》ないのに、欲《ほ》しい人《ひと》の数《かず》が多《おお》いと、値段《ねだん》が上《あ》がることがあるからにゃ。!

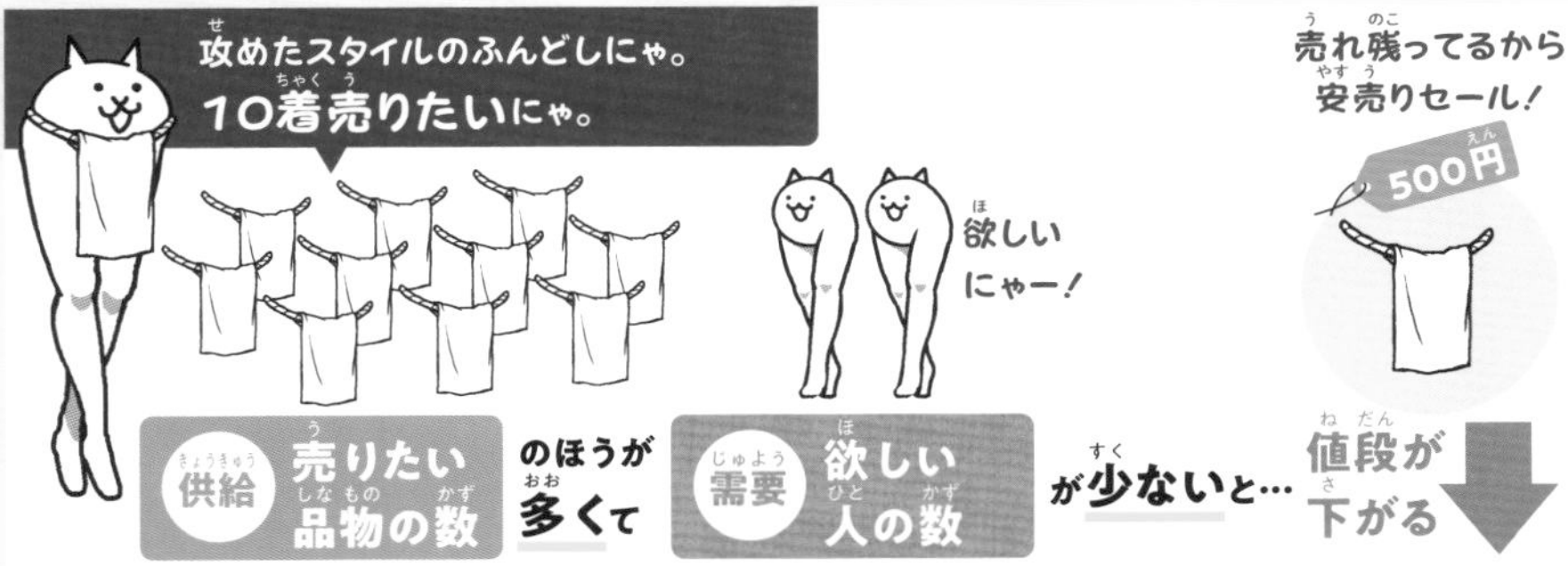
攻《せ》めたスタイルのふんどしにゃ。
10着《ちゃく》売《う》りたいにゃ。
欲《ほ》しいにゃー!
売《う》れ残《のこ》ってるから安売《やすう》りセール!
500円《えん》
供給《きょうきゅう》 売《う》りたい品物《しなもの》の数《かず》
のほうが多《おお》くて
需要《じゅよう》 欲《ほ》しい人《ひと》の数《かず》
が少《すく》ないと…
値段《ねだん》が下《さ》がる

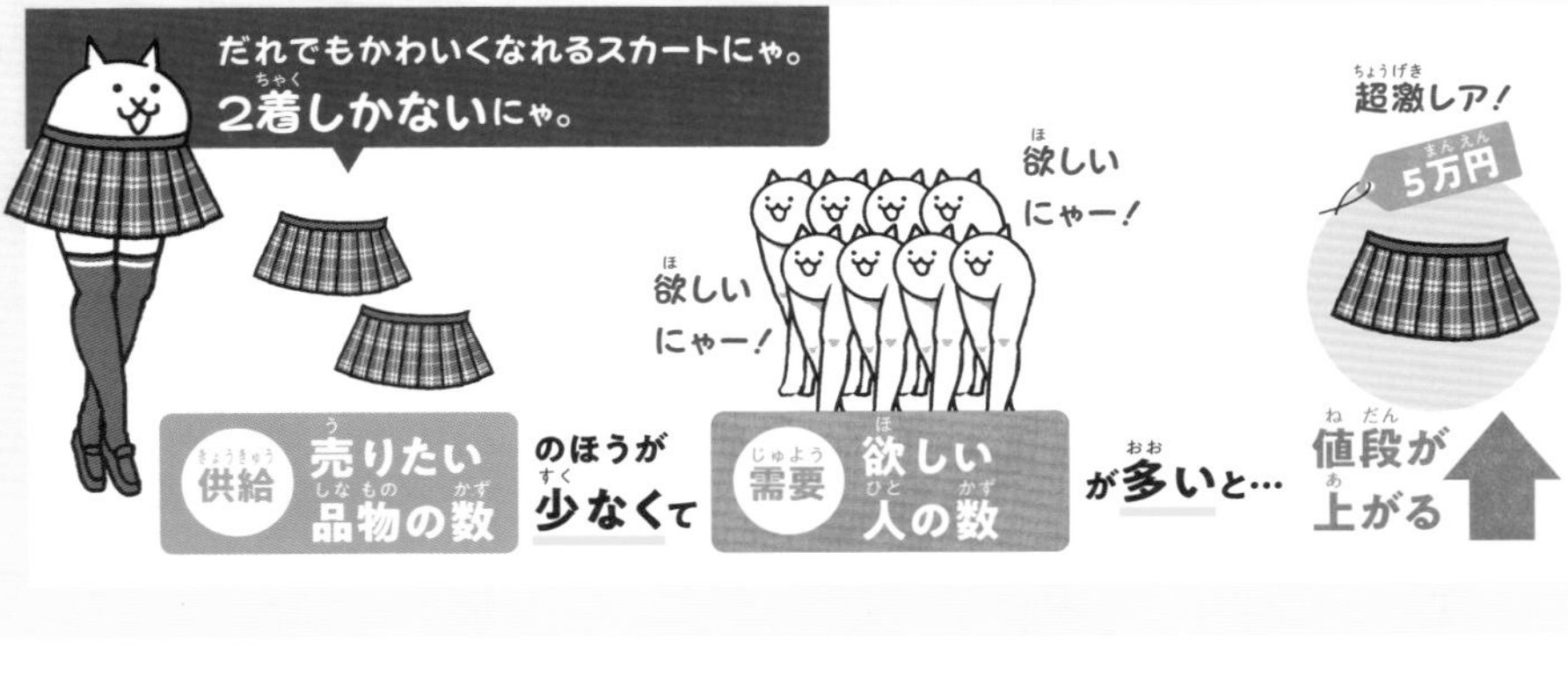
だれでもかわいくなれるスカートにゃ。
2着《ちゃく》しかないにゃ。
欲《ほ》しいにゃー!
欲《ほ》しいにゃー!
超激《ちょうげき》レア!
5万円《まんえん》
供給《きょうきゅう》 売《う》りたい品物《しなもの》の数《かず》
のほうが少《すく》なくて
需要《じゅよう》 欲《ほ》しい人《ひと》の数《かず》
が多《おお》いと…
値段《ねだん》が上《あ》がる

今日《きょう》、なんだか悲《かな》しい光景《こうけい》を見《み》たにゃ…。

どうしたにゃ？

魚屋《さかなや》さんでネコフィッシュを売《う》ってみたんだけど、ぜんぜん売《う》れなくて…。どんどん値下《ねさ》げされてたにゃ…。

だれか…
いらないにゃ…？
20円《えん》でいいにゃ。

それは、悲《かな》しすぎて見《み》ていられないにゃ…。

なんでこんな悲《かな》しいことになってしまったのかにゃ…。

売《う》れ残《のこ》るってことは、**売《う》っている品物《しなもの》の数《かず》が欲《ほ》しい人《ひと》の数《かず》より多《おお》くて余《あま》っている状態《じょうたい》**にゃ。そうすると、**欲《ほ》しいと思《おも》う人《ひと》を増《ふ》やすために、品物《しなもの》の値段《ねだん》は下《さ》がっていく**にゃ。

最終的《さいしゅうてき》に20円《えん》まで下《さ》がってしまったにゃ…。どうすれば値段《ねだん》が上《あ》がるにゃ？

欲《ほ》しい人《ひと》が増《ふ》えて**品物《しなもの》が足《た》りない状態《じょうたい》**になれば、**値段《ねだん》は上《あ》がる**にゃ。

どうすれば欲《ほ》しい人《ひと》を増《ふ》やせるかにゃ？

買《か》ってくれた人《ひと》に
占《うらな》いサービスを
つけるのは
どうにゃ？

魚屋《さかなや》さんで
占《うらな》い…新《あたら》しすぎて
想像《そうぞう》できないにゃ。

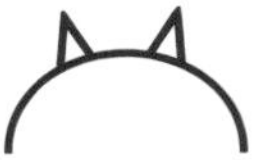

値段《ねだん》が下《さ》がれば「その値段《ねだん》なら買《か》う」という人《ひと》が現《あらわ》れるし、値段《ねだん》が上《あ》がりすぎれば「高《たか》すぎていらない」という人《ひと》が出《で》てくるにゃ。

それで、**欲《ほ》しい人《ひと》と売《う》りたい物《もの》の数《かず》のバランスで値段《ねだん》が決《き》まる**ってことにゃ？

その通《とお》り！
それを言《い》いたかったにゃ！
それを、「**需要《じゅよう》と供給《きょうきゅう》のバランス**」っていうにゃ！

あと、もうひとつずっと言《い》いたかったんだけど…

そもそも
ネコフィッシュを
売《う》っちゃダメにゃ！

大人《おとな》も知《し》らない!?　お金《かね》のマメ知識《ちしき》にゃ。

3月《がつ》の引《ひ》っ越《こ》し代《だい》は1年《ねん》でいちばん高《たか》いにゃ!

サービスを受《う》けたい人《ひと》が多《おお》くなれば値段《ねだん》が高《たか》くなるのは、引《ひ》っ越《こ》し代《だい》や家賃《やちん》も同《おな》じにゃ。日本《にほん》は4月《がつ》から新《あたら》しい年度《ねんど》が始《はじ》まるから、その直前《ちょくぜん》の3月《がつ》は進《しん》学《がく》や就職《しゅうしょく》、転勤《てんきん》などで引《ひ》っ越《こ》しをする人《ひと》が1年《ねん》でいちばん多《おお》いにゃ。

だから、3月《がつ》は引《ひ》っ越《こ》し費用《ひよう》が高《たか》くなってしまうってわけにゃ。

「メーカー希《き》望《ぼう》小《こ》売《うり》価《か》格《かく》」って何《なん》にゃ?

作《つく》った会社《かいしゃ》が「これくらいの値段《ねだん》で売《う》ってね」と設定《せってい》している価格《かかく》にゃ。

商品《しょうひん》の値段《ねだん》は売《う》るお店《みせ》が決《き》めるけど、その商品《しょうひん》を作《つく》った会社《かいしゃ》(メーカー)が「これくらいで売《う》ってほしい」という目安《めやす》で決《き》めている価格《かかく》が「メーカー希望小売価格《きぼうこうりかかく》」にゃ。

一方《いっぽう》、「売《う》るお店《みせ》で自由《じゆう》に値段《ねだん》を決《き》めていいよ」というのが「オープン価格《かかく》」にゃ。

売《う》る人《ひと》たちが相談《そうだん》して値段《ねだん》を決《き》めちゃダメにゃ?

会社同士《かいしゃどうし》でこっそり相談《そうだん》して値段《ねだん》を決《き》めるのは禁止《きんし》されているにゃ。

もしも売《う》る人《ひと》たちが「この値段《ねだん》より下《さ》げない」とお互《たが》い約束《やくそく》してしまったら、本来下《ほんらいさ》がるはずの値段《ねだん》が下《さ》がらず買《か》う人《ひと》が損《そん》をしてしまうにゃ。

だから、独占禁止法《どくせんきんしほう》という法律《ほうりつ》で会社同士《かいしゃどうし》で価格《かかく》を決《き》めるのを禁止《きんし》しているにゃ。

ふりかえりクイズ

全問正解《ぜんもんせいかい》したら完全勝利《かんぜんしょうり》にゃ!　全部《ぜんぶ》まちがえたら…
3ページ前《まえ》から何度《なんど》でもやりなおせばいいにゃ。

Q1

基本《きほん》

**今月《こんげつ》は天気《てんき》が悪《わる》くて漁《りょう》ができず、
前《まえ》の月《つき》に比《くら》べてイカが獲《と》れた数《かず》がとても少《すく》ない。
イカの値段《ねだん》は、前月《ぜんげつ》と比《くら》べてどうなる?**

①高《たか》くなる　②変《か》わらない　③安《やす》くなる

Q2

基本《きほん》

**今年《ことし》は豊作《ほうさく》で、サツマイモが去年《きょねん》と
比《くら》べてたくさん収穫《しゅうかく》できた。
サツマイモの値段《ねだん》は、去年《きょねん》と比《くら》べてどうなる?**

①高《たか》くなる　②変《か》わらない　③安《やす》くなる

Q3

激《げき》ムズ

**「欲《ほ》しい人《ひと》と売《う》りたい物《もの》」の数《かず》のバランスのことを
別《べつ》の言葉《ことば》で言《い》うと?**

□□と□□

答《こた》え Q1①　Q2③　Q3需要《じゅよう》(と)供給《きょうきゅう》

100円《えん》しかないけど、1000円《えん》のものを買《か》いたいときはどうすればいいにゃ？

オタネコ、お金貸《かねか》してくれるにゃ？

友人《ゆうじん》でもお金《かね》の貸《か》し借《か》りはトラブルの元《もと》だから
ぜったい貸《か》さないにゃ。

「特別《とくべつ》な方法《ほうほう》」として、銀行《ぎんこう》などにお金《かね》を借《か》りる方法《ほうほう》もあるにゃ。ただし、条件《じょうけん》があるにゃ。

お金《かね》の貸《か》し借《か》りのルール

新《あたら》しいバイクを
買《か》いたいけど、
20万円《まんえん》足《た》りないから
借《か》りたいにゃ。

BANK
銀行《ぎんこう》など

20万円《まんえん》、貸《か》すにゃ。
ただし、1年《ねん》で返《かえ》してにゃ。
もし約束通《やくそくどお》りに
返《かえ》せなかったら…、
バイクはもらうにゃ。

1年《ねん》で借《か》りたお金《かね》を返《かえ》せる場合《ばあい》

貸《か》してくれたお礼《れい》に
追加《ついか》で1万円払《まんえんはら》うにゃ。

利子《りし》

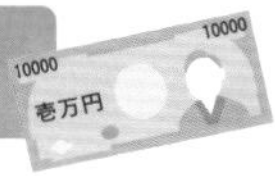
10000
10000
壱万円

もし約束通《やくそくどお》りに返《かえ》せない場合《ばあい》

返《かえ》せないなら、約束通《やくそくどお》り
バイクはもらうにゃ。

ああ…

担保《たんぽ》

BANK
銀行《ぎんこう》など

こんなふうに、銀行《ぎんこう》などから返《かえ》す日《ひ》を決《き》めてお金《かね》を借《か》りることもできるにゃ。ただ、基本的《きほんてき》に「利《り》子《し》」と「担保《たんぽ》」が必要《ひつよう》になるから要注意《ようちゅうい》にゃ。

お金《かね》を借《か》りるってことは、借金《しゃっきん》にゃ？　ちょっと怖《こわ》いにゃ。

無計画《むけいかく》に借《か》りるのはたしかによくないにゃ。でも、大人《おとな》になって家《いえ》などを買《か》うとき**「今《いま》も未来《みらい》も現金《げんきん》で用意《ようい》はできないけど、絶対《ぜったい》に買《か》いたい」**と、**ローンを組《く》む**ことはあるにゃ。

ローンを組《く》む…って何《なん》にゃ？

バンド組《く》もうぜ、のおしゃれな言《い》い方《かた》にゃ？

全然《ぜんぜん》ちがうにゃ。金融機関《きんゆうきかん》からお金《かね》を借《か》りることにゃ。

あとは学校《がっこう》へ払《はら》う学費《がくひ》の**奨学金制度《しょうがくきんせいど》**とかにゃ。**「未来《みらい》には用意《ようい》できそうな金《きん》額《がく》だけど、人生《じんせい》で今《いま》この瞬間《しゅんかん》にこそ必要《ひつよう》」**って場合《ばあい》にゃ。

なるほどにゃ。じゃあ吾輩《わがはい》もローンを組《く》んで、大《おお》きな買《か》い物《もの》をしてみようかにゃ…。

どんな**担保《たんぽ》**があるか、どのくらいの**利子《りし》**を払《はら》うかで借《か》りられる金額《きんがく》は変《か》わってくるにゃ。

担保《たんぽ》ってなんにゃ？

約束通《やくそくどお》りにお金《かね》を返《かえ》せなくなったときのために、**借《か》りるお金《かね》と同《おな》じくらいの価値《かち》があるものを渡《わた》すと決《き》めておく**にゃ。

返《かえ》せなかったら、その「担《たん》保《ぽ》」をお金《かね》の代《か》わりにあげるってことにゃ？

ビー玉《だま》を担保《たんぽ》にしたら、いくら借《か》りられるにゃ？

たぶん…30円《えん》くらいかにゃ…。

利子《りし》は、お金《かね》を貸《か》してくれていることに対《たい》するお礼金《れいきん》みたいなものにゃ。**返《かえ》す時《とき》には借《か》りたときより多《おお》い額《がく》を払《はら》う**必要《ひつよう》があるにゃ。

30円《えん》を借《か》りて31円返《えんかえ》す、みたいなことにゃ？　なんかもったいない気《き》がしてきたにゃ。

必要《ひつよう》ないのにむやみに借《か》りないほうがいいのは当然《とうぜん》にゃ。借金《しゃっきん》は特別《とくべつ》な方法《ほうほう》にゃ。
借金《しゃっきん》をする前《まえ》に、
・なぜ借金《しゃっきん》するのか？
・本当《ほんとう》に必要《ひつよう》か？
よ～く考《かんが》えるのが大事《だいじ》にゃ。

…そもそも30円《えん》でどんな大《おお》きな買《か》い物《もの》をするつもりにゃ？

大《おお》きな…ビニール袋《ぶくろ》とかにゃ。

それなら借金《しゃっきん》せずに買《か》えそうにゃ。

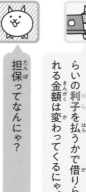

大人《おとな》も知《し》らない!? お金《かね》のマメ知識《ちしき》にゃ。

「奨学金《しょうがくきん》」は学校《がっこう》に通《かよ》うお金《かね》がもらえる制度《せいど》で借金《しゃっきん》じゃないにゃ?

あとで自分《じぶん》でお金《かね》を返《かえ》さなければいけない場合《ばあい》もあるにゃ!

奨学金《しょうがくきん》は、大学《だいがく》などに通《かよ》うのにかかるお金《かね》を出《だ》してもらう制度《せいど》にゃ。いろいろな組織《そしき》が運営《うんえい》しているものがあって、

①お金《かね》を返《かえ》す必要《ひつよう》がない「給付型《きゅうふがた》」

②お金《かね》を返《かえ》す必要《ひつよう》がある「貸与型《たいよがた》」

の大《おお》きく2種類《しゅるい》があるにゃ。貸与《たいよ》型《がた》の場合《ばあい》は、借金《しゃっきん》の一種《いっしゅ》なので、もらうかどうかはよく考《かんが》える必要《ひつよう》があるにゃ。

お金《かね》はなくても、勉強《べんきょう》がしたい…!
そんなときは奨学金《しょうがくきん》の利用《りよう》を考《かんが》えてみるにゃ。

でも、給付型《きゅうふがた》か、貸与型《たいよがた》かはよくたしかめるにゃ!

イスラム教《きょう》では、お金《かね》を貸《か》して利子《りし》をもらうのは禁止《きんし》にゃ。

イスラム教《きょう》の聖典《せいてん》『コーラン』には、お金《かね》を貸《か》してその利子《りし》を受《う》け取《と》ることはよくないことだと書《か》かれているにゃ。

だから、イスラム教《きょう》がさかんな国《くに》ではほかの国《くに》のようにお金《かね》の貸《か》し借《か》りで利子《りし》をとることはできず、イスラム教《きょう》の教《おし》えに背《そむ》かないかたちでお金《かね》を動《うご》かしているにゃ。

ほかの国《くに》のやり方《かた》とはちがう部《ぶ》分《ぶん》も多《おお》いから、「イスラム金融《きんゆう》」って呼《よ》ばれたりするにゃ。

自分《じぶん》の常識《じょうしき》が、世界中《せかいじゅう》どこでも通《つう》じるとは限《かぎ》らないにゃ。

「イスラム金融《きんゆう》」がさかんな国《くに》の例《れい》

- イラン
- サウジアラビア
- アラブ首長国連邦《しゅちょうこくれんぽう》
- スーダン
- ブルネイ
- マレーシア　など

ふりかえりクイズ

全問正解《ぜんもんせいかい》したら完全勝利《かんぜんしょうり》にゃ! 全部《ぜんぶ》まちがえたら…
3ページ前《まえ》から何度《なんど》でもやりなおせばいいにゃ。

Q1

お金《かね》を借《か》りるときに、もし約束通《やくそくどお》り返《かえ》せなくなったら
お金《かね》の代《か》わりに渡《わた》すものを決《き》めておく必要《ひつよう》がある。
これをなんという?

基本《きほん》

①利子《りし》 ②ローン ③担保《たんぽ》

Q2

お金《かね》を借《か》りると、返《かえ》すときに利子《りし》がつく。
これ、返《かえ》すお金《かね》がどうなること?

まあまあ

①借《か》りた金額《きんがく》よりも、返《かえ》す金額《きんがく》が高《たか》くなる。
②借《か》りた金額《きんがく》と返《かえ》す金額《きんがく》は変《か》わらない。
③借《か》りた金額《きんがく》よりも、返《かえ》す金額《きんがく》が安《やす》くなる。

Q3

イスラム教《きょう》のさかんな国《くに》では、お金《かね》の貸《か》し借《か》りで利子《りし》をもらってはいけないなど、イスラム教《きょう》の教《おし》えにそったやり方《かた》でお金《かね》を動《うご》かしている。これをなんという?

激《げき》ムズ

□□□□金融《きんゆう》

答《こた》え Q1③ Q2① Q3イスラム(金融《きんゆう》)

ギモン 14

いろいろなカード、それぞれどうちがうにゃ?

クレジットとかプリペイドとかいろいろあるけど、
ババ抜《ぬ》きにいちばんオススメなのはどのカードにゃ?

ババ抜《ぬ》きにはトランプにゃ。

大《おお》きく分《わ》けて、前払《まえばら》い・即時払《そくじばら》い・後払《あとばら》いの3種類《しゅるい》のカードがあるにゃ!

1. 前払《まえばら》いのカード

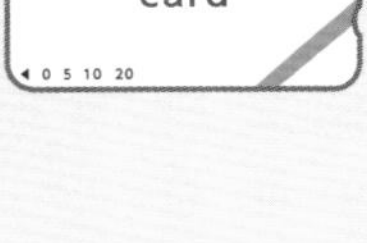

QUO《クオ》カード・図書《としょ》カードなど

事前《じぜん》にお金《かね》を払《はら》ってカードを買《か》っておけば、その金額分《きんがくぶん》を現金《げんきん》と同《おな》じように使《つか》えるにゃ。

交通系《こうつうけい》IC《アイシー》カード

あらかじめお金《かね》をチャージ(入金《にゅうきん》)して使《つか》うにゃ。Suica《スイカ》、PASMO《パスモ》など、日本全国《にほんぜんこく》いろいろな名称《めいしょう》があるにゃ!

ピピッとスピード
会計《かいけい》にゃ。

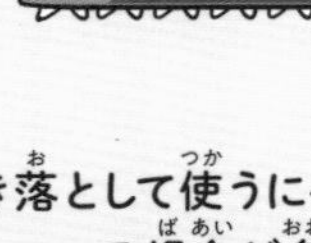

2. 即時払《そくじばら》いのカード

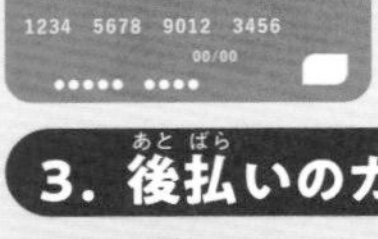

デビットカード

銀行口座《ぎんこうこうざ》から直接《ちょくせつ》お金《かね》を引《ひ》き落《お》として使《つか》うにゃ。銀行《ぎんこう》のキャッシュカードと一体《いったい》になっている場合《ばあい》が多《おお》いにゃ。

3. 後払《あとばら》いのカード

クレジットカード

先《さき》に現金《げんきん》なしで買《か》い物《もの》をして、後《あと》から使《つか》った分《ぶん》のお金《かね》を払《はら》うにゃ。

●「クレジット」は**「信用《しんよう》」**という意味《いみ》。
カードを作《つく》った人《ひと》を「信用《しんよう》」してクレジットカード会社《がいしゃ》がお金《かね》を先《さき》に立《た》て替《か》えてくれるしくみにゃ。

どのカードも、現《げん》金《きん》を持《も》ち歩《ある》かなくても買《か》い物《もの》ができるメリットがあるにゃ。目的《もくてき》に合《あ》わせて、便利《べんり》に使《つか》えるといいにゃ。

なんとかカードっていうのを作《つく》りたいにゃ！　持《も》ってると、買《か》い物《もの》ができるって聞《き》いたにゃ！

買《か》い物《もの》ができるカードはいくつか種類《しゅるい》があるにゃ。どのカードのことにゃ？

えーと…ピピッとスピーディーに会計《かいけい》ができるやつにゃ。

それなら、**交通《こうつう》系《けい》IC《アイシー》カード**かにゃ？

スピード重視《じゅうし》にゃ！

プリペイドカードだから、あらかじめお金《かね》をチャージ（入金《にゅうきん》）しておくと使《つか》えるにゃ。

先《さき》にお金《かね》を払《はら》っておかなきゃいけないにゃ？　じゃあそのカードじゃないにゃ。

そうにゃ？　それなら**デビットカード**かにゃ？

世界中《せかいじゅう》のデビットさんが持《も》ってるカードにゃ？

人《ひと》の名前《なまえ》じゃないにゃ。英語《えいご》で「借金《しゃっきん》」っていう意味《いみ》の「debit《デビット》」にゃ。

銀行口座《ぎんこうこうざ》からそのままお金《かね》を払《はら》える**即時払《そくじばら》いカード**だから、貯金《ちょきん》があればいつでも使《つか》えるにゃ。

なるほど、それは便利《べんり》にゃ！　ただひとつ問題《もんだい》があるにゃ。

銀行《ぎんこう》に貯金《ちょきん》は特《とく》にないにゃ！

ドヤッ！

ドヤ顔《がお》で言《い》うことでもないにゃ。

それなら、**後払《あとばら》いカード**の**クレジットカード**にゃ。先《さき》に現金《げんきん》なしで買《か》い物《もの》ができて、後《あと》からお金《かね》を払《はら》えるカードにゃ。カード会社《がいしゃ》が先《さき》にお金《かね》を立《た》て替《か》えて払《はら》ってくれる分《ぶん》、後《あと》でカード会社《がいしゃ》に支払《しはら》うにゃ。

なるほど、それは便利《べんり》にゃ！　ただひとつ問題《もんだい》があるにゃ。

いやな予感《よかん》がするにゃ…。

後《あと》から払《はら》うあても特《とく》にないにゃ！

ドヤッ！

後《あと》から払《はら》えない金額《きんがく》をクレジットカードで買《か》い物《もの》しちゃダメにゃ！

クレジットカードの使《つか》いすぎには注意《ちゅうい》するにゃ！

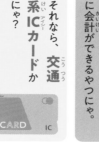

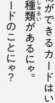

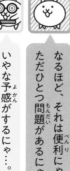

大人《おとな》も知《し》らない!? お金《かね》のマメ知識《ちしき》にゃ。

「電子《でんし》マネー」って何《なん》にゃ？

カードやアプリを使《つか》って、デジタルデータでやりとりできるお金《かね》にゃ！

お札《さつ》やコインを使《つか》わずにデータでお金《かね》のやりとりができるしくみのことを「電子《でんし》マネー」というにゃ。

現金《げんきん》を持《も》ち歩《ある》かなくてよかったり、遠《とお》く離《はな》れた人同士《ひとどうし》でも直接《ちょくせつ》会《あ》わずにお金《かね》のやりとりができたりする点《てん》が便利《べんり》な技術《ぎじゅつ》にゃ！

財布《さいふ》なしで身軽《みがる》に出《で》かけられるにゃ！
アプリでお金《かね》のやりとりができるのも便利《べんり》にゃ！

「電子《でんし》マネー」は盗《ぬす》まれないにゃ？

不正《ふせい》に使《つか》われる危険《きけん》はゼロではないにゃ！

現金《げんきん》のようにポロッと落《お》としてしまう心配《しんぱい》はないけれど、ネットの世界《せかい》で不正《ふせい》にアクセスされて使《つか》われてしまったりする危険《きけん》はあるにゃ。

パスワードは人《ひと》に教《おし》えたりメモしたりせず厳重《げんじゅう》に管理《かんり》して、高額《こうがく》のやりとりは信頼《しんらい》できる相手《あいて》としかしないなど、自分《じぶん》で気《き》をつける必要《ひつよう》があるにゃ。

ネコハッカー流《りゅう》・パスワードの鉄則《てっそく》！

ほかの人《ひと》に推測《すいそく》されやすいものにしない！
親《した》しい友人《ゆうじん》などに聞《き》かれても、教《おし》えない！
インターネットなどで明《あ》かさない！
スマホのメモ帳《ちょう》などに残《のこ》すのもダメにゃ。

カードを落《お》としたり盗《ぬす》まれたりしたらどうなるにゃ？

プリペイドカードは現金《げんきん》と同《おな》じ。クレジットカードやデビットカードはすぐに停止《ていし》を！

プリペイドカードは誰《だれ》かに使《つか》われたら取《と》り戻《もど》すことは難《むずか》しいにゃ。クレジットカードやデビットカードは、なくしたことに気《き》づいたら、すぐカード会社《がいしゃ》や銀行《ぎんこう》に連絡《れんらく》して、カードを使《つか》えなくする（停止《ていし》する）必要《ひつよう》があるにゃ！

クレジットカードをなくしたら…

もしもし、クレジットカードをなくしてしまいましたにゃ。

①なくしてしまったことをすぐカード会社《がいしゃ》に電話《でんわ》などで連絡《れんらく》する。

すぐに止《と》めますにゃ！
カード会社《がいしゃ》

②カードをすぐ使《つか》えないようにしてくれる。

拾《ひろ》ったから使《つか》えると思《おも》ったのに使《つか》えない！

③カードが使《つか》えなくなり悪用《あくよう》されずに済《す》む!

クレジットカードの「リボ払《ばら》い」はできるだけ避《さ》けるべきにゃ！

クレジットカードには支払《しはら》い方法《ほうほう》がいくつかあるけれど、そのなかの「リボ（リボルビング）払《ばら》い」には要注意《ようちゅうい》にゃ。

どれだけ使《つか》っても毎月《まいつき》同《おな》じ金額《きんがく》ずつ返《かえ》していく、という返《かえ》し方《かた》だから、なかなか借《か》りている金額《きんがく》が減《へ》らないにゃ。結局《けっきょく》長《なが》い期間《きかん》返《かえ》し続《つづ》けることになって、手数料《てすうりょう》で元《もと》の金額《きんがく》よりずっと高《たか》い金額《きんがく》を払《はら》わなければいけなくなってしまうにゃ。

「リボ払《ばら》い」だとどうちがう？

合計《ごうけい》12万円《まんえん》

クレジットカードで買《か》うにゃ。

リボ払《ばら》い	分割《ぶんかつ》（3回払《かいばら》い）	
11,500円《えん》	40,816円《えん》	1カ月目《かげつめ》
11,375円《えん》	40,816円《えん》	2カ月目《かげつめ》
11,250円《えん》	40,816円《えん》	3カ月目《かげつめ》
11,125円《えん》	支払《しはら》い完了《かんりょう》！	4カ月目《かげつめ》
11,000円《えん》		5カ月目《かげつめ》
⋮ ず〜っと毎月《まいつき》払《はら》い続《つづ》ける。		⋮
10,125円《えん》 ようやく完了《かんりょう》！		12カ月目《かげつめ》
9,750円《えん》	2,448円《えん》	手数料《てすうりょう》

※手数料は一例で、あくまで目安です。

リボ払《ばら》いでずーっと払《はら》い続《つづ》けているうちにいつの間《ま》にか手数料《てすうりょう》で損《そん》をしていたにゃ…。

ギモン 15

インターネットで買《か》い物《もの》するって安全《あんぜん》にゃ?

おうちのパソコンやスマホで買《か》えるなんて、すっごく便利《べんり》にゃ! 虹《にじ》マタタビも買《か》えるにゃ?

虹《にじ》マタタビは売《う》ってないと思《おも》うにゃ。

インターネットでの買《か》い物《もの》ならではの気《き》をつけるポイントがあるにゃ!

●インターネットでの通信販売《つうしんはんばい》のことを略《りゃく》して「ネット通販《つうはん》」と呼《よ》ぶことがあるにゃ。

ネット通販《つうはん》のいい点《てん》

- ○ お店《みせ》に行《い》く移動時間《いどうじかん》や交通費《こうつうひ》がかからない。
- ○ 世界中《せかいじゅう》の商品《しょうひん》を自宅《じたく》で買《か》える。
- ○ お店《みせ》で買《か》うのが恥《は》ずかしいものも平気《へいき》で買《か》える。

商品《しょうひん》を画面上《がめんじょう》で選《えら》んで、注文《ちゅうもん》する。

商品《しょうひん》

商品《しょうひん》が宅配便《たくはいびん》などで届《とど》く。

ネット通販《つうはん》の悪《わる》い点《てん》

- ✖ 送料《そうりょう》がかかる。
- ✖ 運《はこ》ぶときに汚《よご》れたり壊《こわ》れたりする可能性《かのうせい》がある。
- ✖ 商品《しょうひん》がイメージとちがう可能性《かのうせい》がある。
- ✖ だまされる(詐欺《さぎ》に遭《あ》う)可能性《かのうせい》がある。

実物《じつぶつ》は届《とど》くまでわからないし、お店《みせ》の人《ひと》がどんな人《ひと》か顔《かお》も見《み》えないから注意《ちゅうい》が必《ひつ》要《よう》にゃ。

テレビの番組《ばんぐみ》で紹介《しょうかい》されたものを見《み》て、電話《でんわ》で注文《ちゅうもん》する方法《ほうほう》もあるにゃ。これも、インターネットの買《か》い物《もの》と同《おな》じ「通信販売《つうしんはんばい》」の一種《いっしゅ》にゃ。

移動《いどう》の時間《じかん》や交通費《こうつうひ》がかからないネット通販《つうはん》は、とっても便利《べんり》にゃ！

一歩《いっぽ》も動《うご》かず
買《か》い物《もの》できる
なんてすばらしい
にゃ。

ネットで買《か》ったものが届《とど》いたにゃ！
さっそく開《あ》けるにゃ！

……。

どうしたにゃ？

なんかちょっと…イメージしてたのとちがうにゃ…。

買《か》う前《まえ》に**実物《じつぶつ》を直接《ちょくせつ》見《み》られない**のはたしかに**ネット通販《つうはん》の悪《わる》いところ**にゃ。

ネットで買《か》った
タイツ…
サイズちょっと
きつかった
にゃ。
試着《しちゃく》したい
ときはお店《みせ》で
買《か》ったほうが
よさそうにゃ。

あと、悪意《あくい》を持《も》ってだまそうとしているサイトもゼロではないから、気《き》をつけなくちゃダメにゃ。

販売《はんばい》サイトの
写真《しゃしん》はこれ
だったのに
届《とど》いたのは
これ、とかにゃ。

商品《しょうひん》やウェブサイト、お店《みせ》の評判《ひょうばん》を調《しら》べたりして、**信用《しんよう》できる売《う》り手《て》か**を確認《かくにん》するのが大事《だいじ》にゃ。

ネット通販《つうはん》をする会社《かいしゃ》は、

- **販売価格《はんばいかかく》・送料《そうりょう》**
- **支払《しはら》い方法《ほうほう》と支払《しはら》いの時期《じき》**
- **届《とど》ける時期《じき》**
- **キャンセルについての決《き》まり**
- **事業者《じぎょうしゃ》の氏名《しめい》や名称《めいしょう》、住所《じゅうしょ》、電話番号《でんわばんごう》**

などを買《か》う人《ひと》に知《し》らせなければいけないと決《き》まっているから、それがちゃんとウェブサイトに載《の》っているかも要《よう》チェックにゃ！

なるほどにゃ。
今回《こんかい》はうっかり商品名《しょうひんめい》すら確認《かくにん》し忘《わす》れてたにゃ。
ナシが食《た》べたかったのに青《あお》リンゴが届《とど》いたから。

どうりでイメージとちがうはずにゃ…。

大人《おとな》も知《し》らない!? お金《かね》のマメ知識《ちしき》にゃ。

通信販売《つうしんはんばい》ならどんな買《か》い物《もの》もキャンセルできるにゃ？

「キャンセルの決《き》まり」に従《したが》う必要《ひつよう》があるにゃ！

買《か》う人《ひと》は、お店《みせ》が知《し》らせる「キャンセルの決《き》まり」を買《か》う前《まえ》に確認《かくにん》するのが大切《たいせつ》にゃ。お店《みせ》によってはキャンセルできないこともあるから注意《ちゅうい》にゃ。

逆《ぎゃく》に、「キャンセルの決《き》まり」が確認《かくにん》できないお店《みせ》からは買《か》わないほうがいいにゃ！

インターネット上《じょう》のお店《みせ》では、どんなものでも売《う》っていいにゃ？

販売《はんばい》するのに特別《とくべつ》な許可《きょか》が必要《ひつよう》なものもあるにゃ！

お酒《さけ》や化粧品《けしょうひん》、生《い》き物《もの》など、お店《みせ》として売《う》るのには特別《とくべつ》な許可《きょか》が必要《ひつよう》なものもあるにゃ。ただし、フリマアプリなどで個人《こじん》同士《どうし》がやりとりするのは自由《じゆう》にゃ。

選《えら》ばれし者《もの》だけが販売《はんばい》できるにゃ。

「マルチ商法《しょうほう》」には要注意《ようちゅうい》にゃ！

ある組織《そしき》の会員《かいいん》になって、商品《しょうひん》を会員価格《かいいんかかく》で買《か》ったり、新《あら》たにほかの人《ひと》を誘《さそ》って会員《かいいん》を増《ふ》やすことで報酬《ほうしゅう》をもらえる、という組織《そしき》販売《はんばい》のやり方《かた》を「マルチ商法《しょうほう》」というにゃ。

どんどん会員《かいいん》を増《ふ》やすことでもうけを出《だ》すしくみだけど、強引《ごういん》に勧誘《かんゆう》されて断《ことわ》りづらかったり、トラブルになりやすいにゃ。

若《わか》い世代《せだい》が狙《ねら》われることも多《おお》いし、詐欺《さぎ》まがいの商品《しょうひん》もあるので、うっかりトラブルに巻《ま》き込《こ》まれないように注意《ちゅうい》が必要《ひつよう》にゃ。

ふりかえりクイズ

全問正解《ぜんもんせいかい》したら完全勝利《かんぜんしょうり》にゃ!　全部《ぜんぶ》まちがえたら…
3ページ前《まえ》から何度《なんど》でもやりなおせばいいにゃ。

Q1

ネット通販《つうはん》での買《か》い物《もの》で、お店《みせ》が信用《しんよう》できるかどうか確認《かくにん》するためにするといいことは?　すべて選《えら》ぼう。

基本《きほん》

①商品《しょうひん》の口《くち》コミやレビューを確認《かくにん》する。
②ネット通販《つうはん》のお店《みせ》が表示《ひょうじ》しなければいけない情《じょう》報《ほう》がすべて載《の》っているか確認《かくにん》する。
③サイトに掲載《けいさい》されている住所《じゅうしょ》や電話番号《でんわばんごう》が実《じつ》在《ざい》するか確認《かくにん》する。

Q2

インターネット上《じょう》にお店《みせ》を開《ひら》くときに、販売《はんばい》サイトに必《かなら》ず書《か》かなければいけないのは?

基本《きほん》

①お店《みせ》の責任者《せきにんしゃ》の生年月日《せいねんがっぴ》
②キャンセルや返品《へんぴん》するときの決《き》まり
③働《はたら》いている人《ひと》の数《かず》

Q3

ネットショップで売《う》るのに、特別《とくべつ》な許可《きょか》が必要《ひつよう》な品物《しなもの》は?

激《げき》ムズ

①自分《じぶん》で作《つく》ったアクセサリー
②化粧品《けしょうひん》
③新品《しんぴん》の洋服《ようふく》

答《こた》え　Q1 ①・②・③　Q2 ②　Q3 ②

ギモン 16

結局《けっきょく》「かしこい買《か》い物《もの》」って、とにかく安《やす》いものを買《か》うことにゃ？

お店《みせ》で、「いちばん安《やす》いものをください」って言《い》えば
かしこい買《か》い物《もの》できちゃうにゃ！

そう言《い》ってボールペンの替《か》え芯《しん》、とかだけ
出《で》てきたらどう使《つか》うにゃ？

大切《たいせつ》なのは、自分《じぶん》が「払《はら》うお金《かね》に見合《みあ》う価値《かち》がある」と思《おも》うものを買《か》うことにゃ。！

同《おな》じ価格《かかく》でも、
人《ひと》によっては安《やす》い。
別《べつ》の人《ひと》にとっては高《たか》い。

高《たか》い！

暑《あつ》い海《うみ》に
コートは
いらないにゃ！

安《やす》い！

環境《かんきょう》に優《やさ》しい
材料《ざいりょう》を使《つか》ってるにゃ。
ほかのお店《みせ》では
1万《まん》5,000円《えん》は
するから
お買《か》い得《どく》にゃ。

安《やす》い！

あったかい上着《うわぎ》、
今《いま》すぐ欲《ほ》しいにゃ！

高《たか》い！

こんなシンプルな
デザインなのに
1万円《まんえん》は高《たか》いと
思《おも》うにゃ。

ただ「価格《かかく》が低《ひく》いから買《か》う」のではなくて、自分《じぶん》が感《かん》じている価値《かち》と、払《はら》うお金《かね》が見合《みあ》っていると感《かん》じるのがいい買《か》い物《もの》にゃ。

オタネコ、あっちで金魚《きんぎょ》のエサがなんと50円《えん》で売《う》ってたにゃ！
安《やす》いから、買《か》ってくるにゃ！

ちょっと待《ま》つにゃ！
ネコ、金魚《きんぎょ》を飼《か》ってるにゃ？

飼《か》ってないにゃ。

じゃあ、金魚《きんぎょ》のエサを買《か》っても使《つか》い道《みち》がないにゃ？

それはそう
だけど…
いざというときの
ためにゃ。

ないと思《おも》うにゃ、
その「いざ」。

ただ「安《やす》いから買《か》う」のはあんまりかしこい買《か》い物《もの》とは言《い》えないにゃ。

それが世《よ》の中《なか》でだいたい**どのくらいの値段《ねだん》で取引《とりひき》されているものか**、そして自分《じぶん》はそれに**いくらぐらいなら払《はら》ってもいいと思《おも》っているか**で、自分《じぶん》にとって安《やす》いのか高《たか》いのか、買《か》う価値《かち》があるのかないのかが決《き》まっていくにゃ。

自分《じぶん》にとっての買《か》う価値《かち》…となると、金魚《きんぎょ》のエサは別《べつ》にタダでもいらないにゃ。

ぜんぜん
必要《ひつよう》ないものに
50円《えん》払《はら》う
ところ
だったにゃ…！

50円《えん》、
高《たか》ッ！

これからは「**自分《じぶん》は何《なに》に価値《かち》を感《かん》じて買《か》うのか**」を気《き》にして買《か》い物《もの》するようにするにゃ…！

ついでに言《い》うと「**何《なに》を大事《だいじ》にして買《か》うものを選《えら》ぶか**」**で社会全体《しゃかいぜんたい》に影響《えいきょう》を与《あた》えることもできる**にゃ。

美《び》のカリスマは
何《なに》にでも
影響《えいきょう》を
与《あた》えてしまう
にゃ。

美《び》のカリスマ
じゃなくても
できるにゃ。

環境《かんきょう》にやさしい商品《しょうひん》や、フェアトレードの商品《しょうひん》、利益《りえき》の一《いち》部《ぶ》が寄付《きふ》になる商品《しょうひん》を選《えら》んだり、一人《ひとり》ひとりのお金《かね》の使《つか》い方《かた》で世界《せかい》を変《か》えられるかもしれないにゃ！

わかったにゃ！
わからない言葉《ことば》が
いくつか
あったけど。

それはわかって
ない状態《じょうたい》にゃ。
次《つぎ》のページで
説明《せつめい》するにゃ。

大人《おとな》も知《し》らない!? お金《かね》のマメ知識《ちしき》にゃ。

「フェアトレード」ってなんにゃ?

立場《たちば》の弱《よわ》い人《ひと》も損《そん》をしない、公正《こうせい》な取引《とりひき》のことにゃ!

経済的《けいざいてき》に貧《まず》しい国《くに》のものを、豊《ゆた》かな国《くに》が安《やす》すぎる値段《ねだん》で買《か》うと、貧《まず》しい国《くに》の人《ひと》はいつまでたっても豊《ゆた》かになれないにゃ。そうならないように、公正《こうせい》な値段《ねだん》で取引《とりひき》をして、世界中《せかいじゅう》の人《ひと》の生活《せいかつ》を助《たす》けよう、という運動《うんどう》のことにゃ。

開発途上国《かいはつとじょうこく》とのフェアトレードで買《か》った布《ぬの》のシューズ、お気《き》に入《い》りにゃ♪

企業《きぎょう》は社会《しゃかい》の問題《もんだい》に責任《せきにん》を持《も》って活動《かつどう》するべき、という考《かんが》え方《かた》があるにゃ!

会社《かいしゃ》はお金《かね》を稼《かせ》いでもうけを出《だ》すことが仕事《しごと》だけど、最近《さいきん》ではそれだけではダメだと考《かんが》えられているにゃ。

自分《じぶん》たちのもうけを追《お》い求《もと》めるだけではなくて、環境問題《かんきょうもんだい》や人権《じんけん》の問題《もんだい》など、社会全体《しゃかいぜんたい》の問題《もんだい》のことも考《かんが》えて活動《かつどう》する責任《せきにん》があると考《かんが》えられているにゃ。「企業《きぎょう》の社会的責任《しゃかいてきせきにん》」と呼《よ》ばれているにゃ。

「オークション」ってなんにゃ? 安《やす》く買《か》えるにゃ?

本来《ほんらい》の価値《かち》以上《いじょう》に値段《ねだん》が高《たか》くなることもあるにゃ!

買《か》いたい人《ひと》が競《きそ》って値段《ねだん》をつけ、いちばん高《たか》い値段《ねだん》をつけた人《ひと》が買《か》えるのがオークションにゃ。

だから買《か》いたい人《ひと》が多《おお》ければ値《ね》段《だん》は高《たか》くなることもあるにゃ。価《か》値《ち》と価格《かかく》が釣《つ》り合《あ》っているかを見抜《みぬ》く目《め》と判断力《はんだんりょく》が必要《ひつよう》な、ちょっと難《むずか》しい購入方法《こうにゅうほうほう》にゃ。

おうちの人《ひと》とチャレンジ!

やってみるとさらに大人《おとな》にゃ

おすすめワーク

「100円《えん》の水《みず》」を、200円《えん》で売《う》ってみよう!

キミが100円《えん》で買《か》った水《みず》があるとして、それをおうちの人《ひと》に200円《えん》で買《か》ってもらえるように交渉《こうしょう》してみよう。

- どんなふうに説得《せっとく》するといい?　どんな話《はなし》をする?
- どんな状況《じょうきょう》で売《う》る?　場所《ばしょ》やシチュエーションも自由《じゆう》に考《かんが》えてみよう。
- 水《みず》はそのままでいい?　何《なに》か工夫《くふう》をする?

有名選手《ゆうめいせんしゅ》のサイン入《い》りなら、ただの水《みず》も高《たか》く売《う》れるかもしれないにゃ?
NEKO
ボクシングの試合《しあい》の直後《ちょくご》なら、どんなに高《たか》くても買《か》いたいにゃ。

ここに気《き》づいてにゃ!

「価値《かち》に見合《みあ》う値《ね》段《だん》」がいくらかは、人《ひと》によってちがう。

成功《せいこう》した人《ひと》は、どんな工夫《くふう》をして説得《せっとく》したにゃ?　きっとおまけをつけたり、「買《か》い手《て》にとっての価値《かち》」を増《ふ》やす工夫《くふう》をしたはずにゃ。

自分《じぶん》では200円《えん》の価値《かち》があると思《おも》っても断《ことわ》られた人《ひと》もいるはずにゃ。どんなものを安《やす》いと思《おも》うか、価値《かち》があると思《おも》うかは人《ひと》それぞれにゃ。

かしこくお金《かね》を使《つか》うためには、**自《じ》分《ぶん》自《じ》身《しん》が「価値《かち》に見合《みあ》う」と思《おも》う使《つか》い方《かた》をすることが大事《だいじ》**にゃ!

第《だい》3章《しょう》

知《し》ればもっと世《よ》の中《なか》が見《み》えてくる！

社《しゃ》会《かい》を動《うご》かすお金《かね》のしくみ

税金《ぜいきん》、物価《ぶっか》、円安《えんやす》に為替《かわせ》…

オタネコ、急《きゅう》に難《むずか》しい言葉《ことば》をたくさん言《い》って、どうしたにゃ？

今《いま》言《い》った言葉《ことば》、意味《いみ》がわかる言葉《ことば》はあったにゃ？

ばかにしないでほしいにゃ！もちろんあったにゃ！わかったのは**「に」**にゃ！

予想《よそう》を上回《うわまわ》る返事《へんじ》にゃ…。ほかの言葉《ことば》も、聞《き》いたことくらいはあるにゃ？

もちろん、ニュースとかで聞《き》いたことあるにゃ。でも自分《じぶん》に関係《かんけい》ないことはふわっと聞《き》き流《なが》しちゃってたにゃ。

関係大《かんけいおお》ありにゃ！　さっきのは全部《ぜんぶ》、**世《よ》の中《なか》のお金《かね》のしくみに関《かか》わる言葉《ことば》**にゃ！

世《よ》の中《なか》のお金《かね》のしくみが、吾輩《わがはい》に何《なん》の関係《かんけい》があるにゃ？

社会《しゃかい》を動《うご》かすお金《かね》のしくみがわかれば、**自分《じぶん》のお金《かね》をもっとかしこく使《つか》えるようになる**にゃ！

ええ!?　そういうことならはやく教《おし》えてほしいにゃ！

税金《ぜいきん》？
物価《ぶっか》？
テレビで よく聞《き》く難《むずか》しい言葉《ことば》、わかるようになったら もっとかしこく お金《かね》を使《つか》えるにゃ!
今《いま》のところ ただの呪文《じゅもん》に 聞《き》こえるにゃ!

「税金《ぜいきん》」ってなんにゃ？

日本中《にほんじゅう》の人《ひと》が払《はら》うらしいって聞《き》いたことあるけど…
ひとりくらい払《はら》わなくてもなんとかなるお金《かね》にゃ？

ならないにゃ。

税金《ぜいきん》は、国民《こくみん》みんなの生活《せいかつ》を支《ささ》えるためのお金《かね》。一人《ひとり》ひとりが必《かなら》ず払《はら》わないといけないにゃ。！

税金《ぜいきん》で支《ささ》えられている公共《こうきょう》サービス

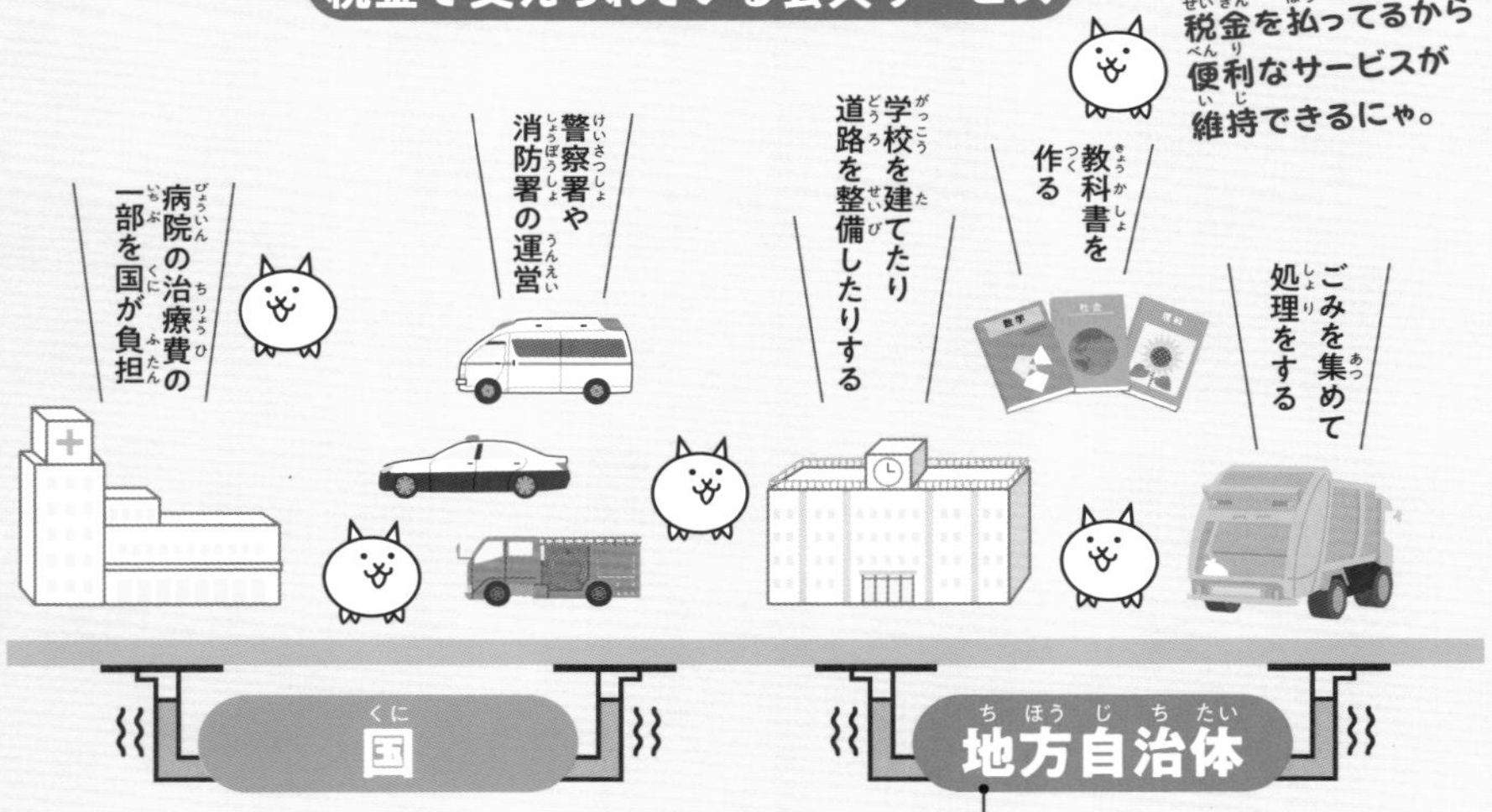
税金《ぜいきん》を払《はら》ってるから便利《べんり》なサービスが維持《いじ》できるにゃ。
病院《びょういん》の治療費《ちりょうひ》の一部《いちぶ》を国《くに》が負担《ふたん》
警察署《けいさつしょ》や消防署《しょうぼうしょ》の運営《うんえい》
学校《がっこう》を建《た》てたり道路《どうろ》を整備《せいび》したりする
教科書《きょうかしょ》を作《つく》る
ごみを集《あつ》めて処理《しょり》をする
国《くに》
地方自治体《ちほうじちたい》

●都道府県《とどうふけん》や市区町村《しくちょうそん》などの団体《だんたい》のことにゃ。

国《くに》や地方自治体《ちほうじちたい》は、国民一人《こくみんひとり》ひとりではできない仕事《しごと》（公共《こうきょう》サービス）を税金《ぜいきん》を使《つか》っておこなっているにゃ。税金《ぜいきん》を払《はら》わないと、便利《べんり》な社会《しゃかい》が作《つく》れなくなるにゃ。

税金《ぜいきん》は、**国民《こくみん》が必《かなら》ず払《はら》わなければいけない**って憲《けん》法《ぼう》で決《き》まっているにゃ。

払《はら》わないとどうなるにゃ？

罰金《ばっきん》でよけいにお金《かね》を払《はら》わなくちゃいけなかったり、悪《あく》質《しつ》な場合《ばあい》は警察《けいさつ》につかまることもあるにゃ。

ちゃんと払《はら》うのをオススメするにゃ。

それに、税金《ぜいきん》は**国《くに》や地方《ちほう》自治体《じちたい》がいろんな設備《せつび》やサービスを整《ととの》えるために使《つか》われる**にゃ。

学校《がっこう》や警察《けいさつ》、消防《しょうぼう》も税金《ぜいきん》で維持《いじ》してるにゃ。

ということは、みんなが税金《ぜいきん》を払《はら》わないで、そのお金《かね》が足《た》りなくなったりすると…？

火事《かじ》も泥棒《どろぼう》も誰《だれ》も止《と》めてくれないにゃー。

やりたい放題《ほうだい》にゃー。

そんな国《くに》はいやにゃ…！安心《あんしん》して生活《せいかつ》できないにゃ！

だから、一人《ひとり》ひとりが決《き》められた税金《ぜいきん》をちゃんと払《はら》わなくちゃいけないにゃ。

わかったにゃ！税金《ぜいきん》の大切《たいせつ》さを忘《わす》れないために、**「あいうえお作文《さくぶん》」**を作《つく》ったにゃ！

突然《とつぜん》の展開《てんかい》すぎてとまどうにゃ…せっかくだから聞《き》かせてほしいにゃ。

「ぜ」ぜったいに！

「い」いろんなところで！

「き」きっとお世話《せわ》になっている！

「ん」ん～と、それが税金《ぜいきん》！

すばらしい出来《でき》にゃ。「ん」にちょっとムリがある以外《いがい》は。

大人《おとな》も知《し》らない!? お金《かね》のマメ知識《ちしき》にゃ。

小学生《しょうがくせい》ひとりにつき500万円以上《まんえんいじょう》の税金《ぜいきん》が使《つか》われているにゃ！

小学校《しょうがっこう》で勉強《べんきょう》するには、教科書《きょうかしょ》代《だい》や校舎《こうしゃ》の電気《でんき》・水道代《すいどうだい》、先生《せんせい》に払《はら》うお給料《きゅうりょう》などお金《かね》がたくさんかかるけど、それは税金《ぜいきん》で支《し》払《はら》われているにゃ。小学生《しょうがくせい》ひとりあたり、公立小学《こうりつしょうがっ》校《こう》6年間《ねんかん》で税金《ぜいきん》で負担《ふたん》している費用《ひよう》は500万円以上《まんえんいじょう》にゃ！

この一輪車《いちりんしゃ》も
実《じつ》は学校《がっこう》のもの
だから税金《ぜいきん》で
まかなわれているにゃ。

税金《ぜいきん》の使《つか》い道《みち》って誰《だれ》が決《き》めてるにゃ？

選挙《せんきょ》で選《えら》ばれた議員《ぎいん》が話《はな》し合《あ》って決《き》めるにゃ。

税金《ぜいきん》の使《つか》い道《みち》は、選挙《せんきょ》で選《えら》ばれた国民《こくみん》の代表者《だいひょうしゃ》、国会議員《こっかいぎいん》や都道府《とどうふ》県議会議員《けんぎかいぎいん》、市区町村議会議員《しくちょうそんぎかいぎいん》が話《はな》し合《あ》って決《き》めるにゃ。自分《じぶん》の代《か》わりに話《はな》し合《あ》ってもらうことになるから、代表者《だいひょうしゃ》を選《えら》ぶ選挙《せんきょ》はとっても大事《だいじ》にゃ！

代表者《だいひょうしゃ》に
選《えら》ばれたら
税金《ぜいきん》でマタタビ畑《ばたけ》を
作《つく》るにゃ。
いいぞー！

日本《にほん》にいる外国《がいこく》の人《ひと》は税金《ぜいきん》を払《はら》わなくていいにゃ？

日本《にほん》でお金《かね》を稼《かせ》いだら、払《はら》う必要《ひつよう》があるにゃ。

日本《にほん》の国籍《こくせき》がない人《ひと》でも、日本国《にほんこく》内《ない》で稼《かせ》いだお金《かね》があれば税金《ぜいきん》を納《おさ》める必要《ひつよう》があるにゃ。たとえば、外国《がいこく》からコンサートをしに来《き》た歌手《かしゅ》の公演料《こうえんりょう》にも日本《にほん》の税金《ぜいきん》がかかるにゃ。

コンサートという
夢《ゆめ》の世界《せかい》にも
税金《ぜいきん》という
現実《げんじつ》がつきもの
にゃ。

ふりかえりクイズ

全問正解《ぜんもんせいかい》したら完全勝利《かんぜんしょうり》にゃ!　全部《ぜんぶ》まちがえたら…
3ページ前《まえ》から何度《なんど》でもやりなおせばいいにゃ。

Q1

この中《なか》で、税金《ぜいきん》が使《つか》われているものはどれ?
あてはまるものをすべて選《えら》ぼう。

基本《きほん》

①警察官《けいさつかん》のお給料《きゅうりょう》
②道路《どうろ》を整備《せいび》する費用《ひよう》
③小学校《しょうがっこう》で使《つか》う教科書代《きょうかしょだい》
④学校《がっこう》の理科室《りかしつ》の実験道具代《じっけんどうぐだい》
⑤消防車《しょうぼうしゃ》の購入費《こうにゅうひ》

Q2

小学生《しょうがくせい》ひとりあたり、6年間《ねんかん》でかかる教育費《きょういくひ》は
公立小学校《こうりつしょうがっこう》で500万円以上《まんえんいじょう》。誰《だれ》が払《はら》っている?

基本《きほん》

①その小学生《しょうがくせい》の保護者《ほごしゃ》だけが払《はら》う。
②その小学生自身《しょうがくせいじしん》が、大《おお》きくなってから払《はら》う。
③日本《にほん》に税金《ぜいきん》を納《おさ》めている人《ひと》たち全員《ぜんいん》で負担《ふたん》している。

Q3

日本《にほん》に税金《ぜいきん》を払《はら》う必要《ひつよう》があるのは誰《だれ》?
あてはまるものをすべて選《えら》ぼう。

激《げき》ムズ

①日本国内《にほんこくない》に住《す》んでいる、日本国籍《にほんこくせき》の人《ひと》
②日本国内《にほんこくない》で仕事《しごと》をしてお金《かね》を稼《かせ》ぐ、外国籍《がいこくせき》の人《ひと》
③外国《がいこく》に住《す》み、外国《がいこく》で仕事《しごと》をしてお金《かね》を稼《かせ》ぐ外国籍《がいこくせき》の人《ひと》

答《こた》え　Q1 ①②③④⑤　Q2 ③　Q3 ①②

ギモン 18

「消費税《しょうひぜい》」ってなんにゃ？

オタネコ、レシートにある「消費税《しょうひぜい》」って商品《しょうひん》が袋《ふくろ》に入《はい》ってなかったにゃ！

消費税《しょうひぜい》は、商品《しょうひん》じゃないにゃ。
袋《ふくろ》に入《はい》ってなくて正解《せいかい》にゃ。

消費税《しょうひぜい》は日本《にほん》の税金《ぜいきん》のひとつ。ものを買《か》うときに払《はら》う税金《ぜいきん》にゃ！

たとえば、キミが100円《えん》の消《け》しゴムを買《か》う場合《ばあい》

消《け》しゴムの値段《ねだん》
100円《えん》

＋

消費税《しょうひぜい》（税率《ぜいりつ》10％《パーセント》）
10円《えん》

消《け》しゴムの値段《ねだん》
100円《えん》の10％《パーセント》が
消費税《しょうひぜい》
100×10％《パーセント》=10円《えん》

あわせて110円《えん》を
お店《みせ》に払《はら》うと…

お店《みせ》

消費税分《しょうひぜいぶん》の10円《えん》は、
お店《みせ》がいったん
預《あず》かって、あとで
国《くに》に納《おさ》めるにゃ！

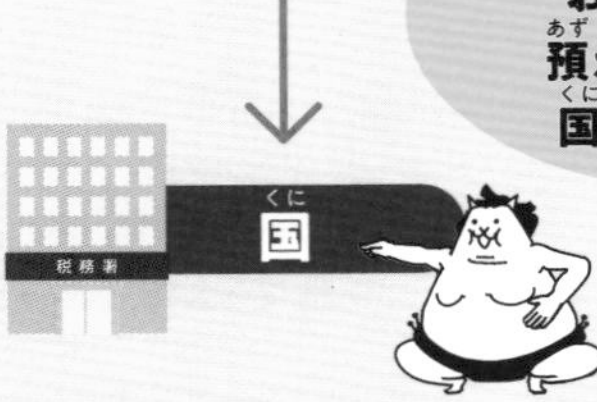

みんなから集《あつ》めた
消費税《しょうひぜい》などの税金《ぜいきん》を使《つか》って、
みんなが暮《く》らしやすい
社会《しゃかい》をつくるにゃ。

買《か》い物《もの》をした金額《きんがく》の何%《なんパーセント》かの金額《きんがく》を追加《ついか》して払《はら》うのが消費税《しょうひぜい》にゃ。
このお金《かね》は、お店《みせ》から国《くに》に納《おさ》められて、みんなの生活《せいかつ》を支《ささ》えるために使《つか》われるにゃ。
2023年《ねん》2月現在《がつげんざい》の日本《にほん》の消費税《しょうひぜい》は税率《ぜいりつ》が10％《パーセント》にゃ。

オタネコ、大事件《だいじけん》にゃ！あそこのお店《みせ》に困《こま》った店員《てんいん》さんがいるにゃ！

どうしたにゃ？

100円《えん》のペンを買《か》おうとしたら、「110円《えん》ください」って言《い》われたにゃ！10円《えん》、自分《じぶん》のおこづかいにするつもりにゃ！

それは、**消費税《しょうひぜい》**にゃ。買《か》い物《もの》をするとき払《はら》わないといけない**税金《ぜいきん》**にゃ。

えええ？10円《えん》まるもうけにゃ？そんなのずるいにゃ！

消費税《しょうひぜい》はお店《みせ》の人《ひと》の取《と》り分《ぶん》になるわけじゃないにゃ。

誰《だれ》の取《と》り分《ぶん》になるにゃ？王様《おうさま》？

日本《にほん》に王様《おうさま》はいないにゃ。

消費税分《しょうひぜいぶん》は、お店《みせ》の人《ひと》がまとめて**国《くに》に納《おさ》める**にゃ。そのお金《かね》で国《くに》は、みんなが暮《く》らしやすくなるようにいろいろなことに使《つか》うにゃ。

買《か》い物《もの》した金額《きんがく》の**10%《パーセント》が、2023年《ねん》2月現在《がつげんざい》の日本《にほん》の消費税《しょうひぜい》**にゃ。

今《いま》の、ってことは、昔《むかし》はちがったにゃ？

消費税《しょうひぜい》は**1989年《ねん》**（平成《へいせい》元年《がんねん》）に導入《どうにゅう》されたにゃ。その前《まえ》はなかったし、最初《さいしょ》は3%《パーセント》。5%《パーセント》、8%《パーセント》、そして10%《パーセント》とだんだん引《ひ》き上《あ》げられてきたにゃ。

そう考《かんが》えると10%《パーセント》ってめちゃ高《たか》く感《かん》じるにゃ！そうだ、ほかの国《くに》に行《い》けばもっと安《やす》いにゃ!?

うーん、税金《ぜいきん》の制度《せいど》は国《くに》ごとにちがうから単純《たんじゅん》にくらべられないけど、もっと消費《しょうひ》税《ぜい》の税率《ぜいりつ》が高《たか》い国《くに》もたくさんあるにゃ。たとえば**ニュージーランドは15%《パーセント》**だし、**イギリスは20%《パーセント》**。**ノルウェーやスウェーデンは25%《パーセント》**にゃ。

フランスも20%《パーセント》にゃ！

おとなしく10%《パーセント》払《はら》うにゃ…。

大人《おとな》も知《し》らない!? お金《かね》のマメ知識《ちしき》にゃ。

日本《にほん》での買《か》い物《もの》はどんなものでも消費税《しょうひぜい》10%《パーセント》にゃ？

飲食料品《いんしょくりょうひん》は消費《しょうひ》税《ぜい》が8%《パーセント》にゃ！

収入《しゅうにゅう》があまり多《おお》くない人《ひと》の税《ぜい》の負担《ふたん》を軽《かる》くするためにある制度《せいど》で、飲食料品《いんしょくりょうひん》は消費税率《しょうひぜいりつ》が低《ひく》いにゃ。毎日《まいにち》の食《た》べ物《もの》は生《い》きていくのに必《かなら》ず買《か》わなければならないもので、そういうものの税金《ぜいきん》が高《たか》いと収入《しゅうにゅう》の低《ひく》い人《ひと》の負担《ふたん》が大《おお》きいからにゃ。

ただし、お店《みせ》のなかで食《た》べる場合《ばあい》は、生活《せいかつ》に必須《ひっす》なことじゃないから消費税《しょうひぜい》は10%《パーセント》にゃ。

いつか消費税《しょうひぜい》は15%《パーセント》まで上《あ》がるかも！

消費税《しょうひぜい》は、簡単《かんたん》に言《い》うと「国《くに》が集《あつ》めて社会《しゃかい》のために使《つか》うお金《かね》」なんだけど、実《じつ》は今《いま》の日本《にほん》では集《あつ》まるお金《かね》より使《つか》っているお金《かね》のほうが多《おお》いにゃ。これからも使《つか》うお金《かね》が増《ふ》えると考《かんが》えられていて、必要《ひつよう》な金額《きんがく》を集《あつ》めるためには消費税《しょうひぜい》を15%《パーセント》まで上《あ》げなくてはいけないと考《かんが》える機関《きかん》もあるにゃ。

未来《みらい》のことは誰《だれ》にもわからないけどにゃ。

消費税《しょうひぜい》を払《はら》わないで買《か》い物《もの》できるお店《みせ》もあるにゃ！

「免税店《めんぜいてん》」といって、そこでの買《か》い物《もの》には消費税《しょうひぜい》がかからないお店《みせ》があるにゃ。基本的《きほんてき》には免税店《めんぜいてん》の多《おお》くは外国《がいこく》から旅行《りょこう》で日本《にほん》に来《き》た人《ひと》など、日本《にほん》に住《す》んでいない人《ひと》向《む》けのお店《みせ》で、全国《ぜんこく》に5万店《まんてん》以上《いじょう》あるにゃ。

Japan.
Tax-free
Shop

このマークが目印《めじるし》にゃ。空港《くうこう》で見《み》かけることもあるかもにゃ。

ふりかえりクイズ

全問正解《ぜんもんせいかい》したら完全勝利《かんぜんしょうり》にゃ!　全部《ぜんぶ》まちがえたら…
3ページ前《まえ》から何度《なんど》でもやりなおせばいいにゃ。

Q1

日本《にほん》の消費税率《しょうひぜいりつ》は2023年《ねん》2月現在《がつげんざい》、何%《なんパーセント》?

基本《きほん》

①5%《パーセント》　②10%《パーセント》　③15%《パーセント》

Q2

**コンビニで雑誌《ざっし》とジュースとおにぎりを買《か》った。
おにぎりはお店《みせ》の飲食《いんしょく》スペースで食《た》べて、
雑誌《ざっし》とジュースは家《いえ》に持《も》って帰《かえ》ることにしたとき、
消費税《しょうひぜい》の払《はら》い方《かた》で正《ただ》しいのは?**

激《げき》ムズ

①全部《ぜんぶ》10%《パーセント》の消費税《しょうひぜい》を払《はら》う。
②雑誌《ざっし》は10%《パーセント》、 ジュースとおにぎりは8%《パーセント》の消費《しょうひ》税《ぜい》を払《はら》う。
③おにぎりと雑誌《ざっし》は10%《パーセント》、 ジュースは8%《パーセント》の消費《しょうひ》税《ぜい》を払《はら》う。

Q3

**この中《なか》で、消費税《しょうひぜい》の税率《ぜいりつ》が2023年《ねん》2月現在《がつげんざい》、
いちばん高《たか》い国《くに》は?**

激《げき》ムズ

①日本《にほん》　②イギリス　③スウェーデン

日本《にほん》には、消費税《しょうひぜい》のほかにどんな税金《ぜいきん》があるにゃ？

日本《にほん》で暮《く》らすことになったときのために、
ぜーんぶ覚《おぼ》えておきたいにゃ！

いい心《こころ》がけにゃ。
ただ、ちょっと大変《たいへん》かもしれないにゃ…。

生活《せいかつ》していくなかで、さまざまなことに税金《ぜいきん》がかかるにゃ！

主《おも》にこんな税金《ぜいきん》がある！

住民税《じゅうみんぜい》 地方税《ちほうぜい》

その地域《ちいき》に住《す》む人《ひと》たちが、
地域《ちいき》のサービスを維持《いじ》するために
払《はら》う税金《ぜいきん》。

教育《きょういく》、福祉《ふくし》、消防《しょうぼう》・救急《きゅうきゅう》、
ゴミ処理《しょり》などに使《つか》われるにゃ。

自動車税《じどうしゃぜい》 地方税《ちほうぜい》

自動車《じどうしゃ》を持《も》っている人《ひと》
が払《はら》う税金《ぜいきん》。

エコカーを買《か》うと
減税《げんぜい》されるにゃ。

所得税《しょとくぜい》 国税《こくぜい》

会社《かいしゃ》からもらう給料《きゅうりょう》や、自分《じぶん》で商売《しょうばい》をして稼《かせ》いだお金《かね》にかかる税金《ぜいきん》。

働《はたら》く世代《せだい》が
負担《ふたん》している
税金《ぜいきん》にゃ。

酒税《しゅぜい》 国税《こくぜい》

お酒《さけ》の消費《しょうひ》に対《たい》してかかる税金《ぜいきん》。

飲《の》まなければ払《はら》わなくていいけど、
ついつい飲《の》んじゃうにゃ。

入湯税《にゅうとうぜい》 地方税《ちほうぜい》

温泉《おんせん》に入《はい》った人《ひと》が払《はら》う税金《ぜいきん》。

よりよい温泉作《おんせんづく》りに
役立《やくだ》ててもらうにゃ。

国《くに》に納《おさ》める国税《こくぜい》と、住《す》んだり商売《しょうばい》をしている場所《ばしょ》（地方自治体《ちほうじちたい》）に納《おさ》める地方税《ちほうぜい》があるにゃ。どちらも国民《こくみん》の生活《せいかつ》を支《ささ》えるために使《つか》われるにゃ。

消費税《しょうひぜい》以外《いがい》にもこんなにあるとは…！　ぜんぶ覚《おぼ》えるのはあきらめるにゃ。

すばらしいあきらめの早《はや》さにゃ。…たしかにいろいろな税金《ぜいきん》があるけど、**実《じつ》は大《おお》きく4種類《しゅるい》に分《わ》けられる**にゃ。

4種類《しゅるい》…あー、甘《あま》い系《けい》と、しょっぱい系《けい》と、洋風《ようふう》と和風《わふう》…。

お菓子《かし》を大《おお》きく4種類《しゅるい》に分《わ》けるならそれで正解《せいかい》にゃ。税金《ぜいきん》は、まず**「納《おさ》める先《さき》が国《くに》か、地方自治体《ちほうじちたい》か」**。

それから、**「自分《じぶん》が直接納《ちょくせつおさ》めるか、お店《みせ》の人《ひと》などを通《とお》して納《おさ》めるか」**の4種類《しゅるい》にゃ。

そっちにゃ。おしかったにゃ。

おしくはないと思《おも》うにゃ。

たとえば、自動車税《じどうしゃぜい》はこう！

地方《ちほう》

自分《じぶん》が直接地方自治《ちょくせつちほうじち》体《たい》に納《おさ》める（**直接税**《ちょくせつぜい》）

消費税《しょうひぜい》はこうにゃ！

国《くに》

納《おさ》める人《ひと》

払《はら》う人《ひと》

お店《みせ》の人《ひと》に払《はら》うと代《か》わりに納《おさ》めてくれる（**間接税**《かんせつぜい》）

税金《ぜいきん》って、ほかの国《くに》でもこんなにいろいろあるにゃ？

税金《ぜいきん》としてどこからお金《かね》を集《あつ》めて何《なに》に使《つか》うかは、国《くに》や時代《じだい》によって理由《りゆう》もやり方《かた》もさまざまにゃ。昔《むかし》はびっくりするような税《ぜい》金《きん》があったこともあるにゃ。

おおげさにゃ。吾輩《わがはい》、ちょっとやそっとじゃびっくりしないにゃ。

たとえば、**ヒゲ税《ぜい》**。昔《むかし》のロシアにあった、**「ヒゲを生《は》やすと払《はら》わなければいけない税金《ぜいきん》」**にゃ。

なんですと!?

あっさりびっくりしてるにゃ

当時《とうじ》のロシア皇帝《こうてい》は、市民《しみん》にヒゲをそってほしかったにゃ。税金《ぜいきん》をかけるっていうのは、**してほしくないことをやりづらくさせる**っていう目的《もくてき》もあるにゃ。

税金《ぜいきん》はその社会《しゃかい》のあり方《かた》を映《うつ》す鏡《かがみ》でもあるにゃ！

たとえ税金《ぜいきん》をとられても…このヒゲはそりたくないにゃ。

大人《おとな》も知《し》らない!? お金《かね》のマメ知識《ちしき》にゃ。

ほかにもおもしろ世界《せかい》の税金《ぜいきん》、何《なに》かあるにゃ？

「ポテトチップス税《ぜい》」があるにゃ。

ハンガリーにある税金《ぜいきん》で、国民《こくみん》がなるべく健康《けんこう》になるように、という目的《もくてき》でポテトチップスなど、主《おも》に塩《しお》や砂糖《さとう》がたくさん使《つか》われている食品《しょくひん》にかけられているにゃ。

フランスやメキシコ、アメリカなどでも、同《おな》じような税金《ぜいきん》があるにゃ！

税金《ぜいきん》がかかると
高《たか》くなって
食《た》べづらくなる
からにゃ…。

日本《にほん》にも昔《むかし》「ウサギ税《ぜい》」があったにゃ！

明治時代《めいじじだい》の初《はじ》めごろ、日本《にほん》ではウサギをペットとして飼《か》うのが大《だい》流行《りゅうこう》したにゃ。

そのうち、ものすごく高《たか》い値段《ねだん》でウサギが取引《とりひき》されたり、色《いろ》をつけたニセモノのレアウサギを売《う》る人《ひと》が出《で》てきたりして、社会問題《しゃかいもんだい》になってしまったにゃ。

だからウサギブームを落《お》ち着《つ》かせるため、ウサギを飼《か》うには毎《まい》月《つき》1羽《わ》ごとに税金《ぜいきん》がかかるようにしたにゃ！

今《いま》はもうない
税金《ぜいきん》だから、
安心《あんしん》して
かわいがって。

納《おさ》める相手《あいて》を自分《じぶん》で選《えら》べる「ふるさと納税《のうぜい》」！

ふつう、税金《ぜいきん》を納《おさ》める先《さき》は決《き》まっているにゃ。

でも現在日本《げんざいにほん》にある「ふるさと納《のう》税《ぜい》」という制度《せいど》を使《つか》うと、好《す》きな地方自治体《ちほうじちたい》を選《えら》んで税金《ぜいきん》の一部《いちぶ》を納《おさ》めることができるにゃ。納税《のうぜい》先《さき》を自分《じぶん》で選《えら》べるし、選《えら》んだ自治《じち》体《たい》から「返礼品《へんれいひん》」としていろいろな商品《しょうひん》ももらえるというめずらしい制度《せいど》にゃ。

今《いま》は遠《とお》い
ふるさと…
寄付《きふ》で恩返《おんがえ》しにゃ。

おうちの人《ひと》とチャレンジ!

やってみるとさらに大人《おとな》にゃ

おすすめワーク

家族《かぞく》のなかで、新《あたら》しい税金《ぜいきん》を考《かんが》えてみよう!

家族《かぞく》のなかで集《あつ》める税金《ぜいきん》を考《かんが》えてみよう。誰《だれ》から、どんなときに集《あつ》めるか、集《あつ》めたお金《かね》の使《つか》い道《みち》もセットで考《かんが》えよう。

- 誰《だれ》から集《あつ》める?　どんなときに集《あつ》める?
- 払《はら》う人《ひと》、払《はら》わない人《ひと》は不公平《ふこうへい》ではない?
- 集《あつ》めたお金《かね》の使《つか》い道《みち》は?　みんなのためになる?

ティッシュのゴミを減《へ》らすために、「くしゃみ税《ぜい》」はどうにゃ!? くしゃみした人《ひと》から集《あつ》めて、ゴミ袋《ぶくろ》を買《か》うお金《かね》にするにゃ。

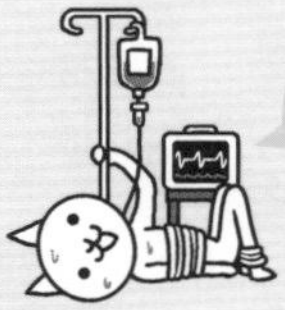

風邪《かぜ》ひいたら、病人《びょうにん》なのにたくさんお金《かね》をとられてつらいにゃ…。

じゃあ「おやつ税《ぜい》」はどうにゃ?
「ねぼう税《ぜい》」とか「夜更《よふ》かし税《ぜい》」は?

ここに気《き》づいてにゃ!

税金《ぜいきん》を考《かんが》えると、「どんな社会《しゃかい》にしたいか」が見《み》えてくる。

「誰《だれ》からどんなときに集《あつ》めるか」をまず考《かんが》えたかにゃ?　やめてほしいこと、減《へ》らしたいことに税金《ぜいきん》をかけてやりづらくさせるのも手《て》にゃ。一方《いっぽう》で「集《あつ》めたお金《かね》を何《なに》に使《つか》うか」から考《かんが》える方法《ほうほう》もあるにゃ。困《こま》っていることを改善《かいぜん》するのにいくらお金《かね》が必要《ひつよう》で、どうすればその金額《きんがく》を集《あつ》められるか。そんなふうに考《かんが》えていくことで、**税《ぜい》金《きん》を通《とお》して家族《かぞく》の生活《せいかつ》をどうよくしていきたいかを考《かんが》えているこ**とに気《き》づいてほしいにゃ!

ギモン 20

税《ぜい》金《きん》以《い》外《がい》にも、払《はら》わなきゃいけないお金《かね》ってあるにゃ?

正直《しょうじき》、自分《じぶん》の得《とく》にならないお金《かね》は1円《えん》も払《はら》いたくないにゃ。

ホントに正直《しょうじき》にゃ。
だいじょうぶ、ちゃんと得《とく》にもなるにゃ。

健《けん》康《こう》保《ほ》険《けん》や年《ねん》金《きん》保《ほ》険《けん》の保《ほ》険《けん》料《りょう》も払《はら》う必《ひつ》要《よう》があるにゃ!

日本《にほん》には、もしものときも最低限《さいていげん》の生活《せいかつ》を守《まも》ってくれる制度《せいど》があるにゃ。

みんなで毎月少《まいつきすこ》しずつお金《かね》を出《だ》して、ピンチのときには貯《た》めたお金《かね》を使《つか》わせてもらうにゃ!

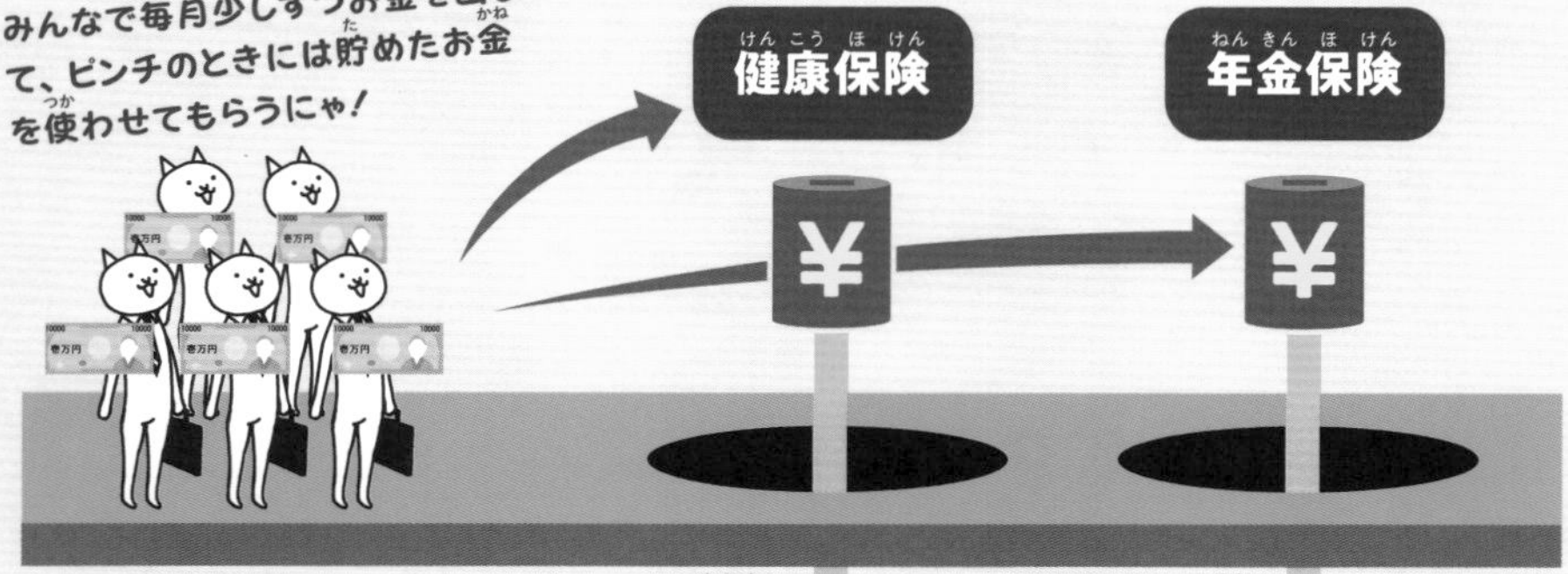

病気《びょうき》になったとき

高齢《こうれい》になって働《はたら》けなくなったとき

お金《かね》の心配《しんぱい》をしないで病院《びょういん》に行《い》けるにゃ。

若《わか》いときと同《おな》じようには働《はたら》けないから助《たす》かるにゃ。

医療費《いりょうひ》の7~9割《わり》を出《だ》してもらえる

定期的《ていきてき》に年金《ねんきん》を受《う》け取《と》れる

社会保障《しゃかいほしょう》といって、どんなときも最低限《さいていげん》の生活《せいかつ》を保障《ほしょう》してくれる制度《せいど》があるにゃ。健康保険《けんこうほけん》や年金保《ねんきんほ》険《けん》は国民全員《こくみんぜんいん》が加《か》入《にゅう》することを義務付《ぎむづ》けられているにゃ。

健康《けんこう》保険《ほけん》や年金《ねんきん》保険《ほけん》の保険《ほけん》料《りょう》…？
毎月払《まいつきはら》うにゃ？
アミダくじで払《はら》う人《ひと》を決《き》めるのはどうにゃ…？

日本《にほん》の国民《こくみん》は全員払《ぜんいんはら》わなくちゃダメにゃ。

日本《にほん》に遊《あそ》びに来《き》たネコ、はどうにゃ？

それは…払《はら》わなくてもいいかもにゃ。

でも、これってすごい制度《せいど》にゃ。日本《にほん》ではどんな人《ひと》でも、**最《さい》低限《ていげん》の生活《せいかつ》を保障《ほしょう》して支《ささ》えてくれるようになってる**にゃ。

どんな人《ひと》でも？
150歳《さい》くらいのお年寄《としよ》りでも？

もちろんにゃ。自分《じぶん》で働《はたら》くのは難《むずか》しくても、お年寄《としよ》りになれば年金《ねんきん》がもらえるにゃ。

なるほど…でも、**若《わか》いけど重《おも》い病気《びょうき》で働《はたら》けなくなっちゃった、みたいな場合《ばあい》**はさすがにダメにゃ？

そういう場合《ばあい》も、**障害年金《しょうがいねんきん》**っていうのをもらえるにゃ。

恋《こい》の病《やまい》という名《な》の病気《びょうき》でも？

それはさすがにカバーしてないにゃ。

ついでに言《い》うと、**家計《かけい》を支《ささ》えていた人《ひと》が亡《な》くなった場合《ばあい》**も、残《のこ》された家族《かぞく》は**遺族年金《いぞくねん》**っていうのを受《う》け取《と》れるにゃ。

ホントにゃ!?
なんて安心《あんしん》な制度《せいど》にゃ…！

さらに！
健康保険《けんこうほけん》は医療費《いりょうひ》を7〜9割負担《わりふたん》してくれるにゃ！
保険《ほけん》がなかったら、風邪《かぜ》をひいただけでも何万円《なんまんえん》もお金《かね》がかかってしまうかもしれないにゃ！

保険証《ほけんしょう》があれば安心《あんしん》して病院《びょういん》に行《い》けるにゃ。

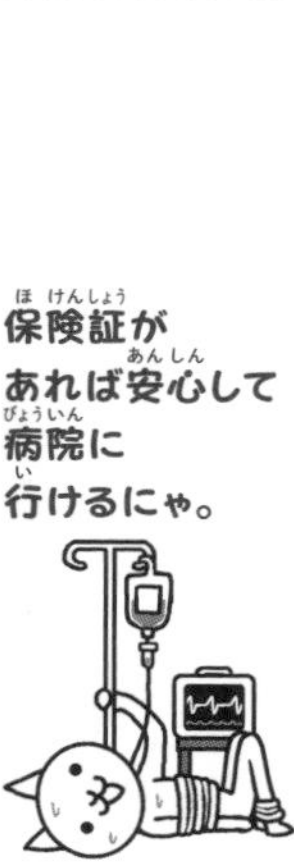

すごく面倒見《めんどうみ》がいい制度《せいど》にゃ。こうなると、ぜひとも毎月《まいつき》のお金《かね》を払《はら》って仲間《なかま》に入《はい》りたいにゃ。

でも…日本《にほん》に遊《あそ》びに来《き》たネコ、だからにゃ…。

日本《にほん》の国民《こくみん》じゃないとダメかにゃ…。

大人《おとな》も知《し》らない!? お金《かね》のマメ知識《ちしき》にゃ。

実《じつ》は、日本《にほん》政府《せいふ》は借金《しゃっきん》だらけにゃ！

税金《ぜいきん》などで、日本政府《にほんせいふ》が1年間《ねんかん》に受《う》け取《と》るお金《かね》は約《やく》77兆円《ちょうえん》（2022年度見通《ねんどみとお》し）にゃ。一方《いっぽう》、1年間《ねんかん》に使《つか》うお金《かね》は約《やく》139兆《ちょう》円《えん》。

つまり、収入《しゅうにゅう》の2倍《ばい》くらいお金《かね》を使《つか》っているにゃ！大赤字《おおあかじ》で、毎年借金《まいとししゃっきん》が増《ふ》えてしまっているにゃ。

なんでこんなことに
なってしまったにゃ…。

日本《にほん》政府《せいふ》の借金《しゃっきん》って、誰《だれ》から借《か》りてるにゃ？

実《じつ》は、キミもお金《かね》を貸《か》しているかもにゃ！

国《くに》は、「国債《こくさい》」というお金《かね》を借《か》りたという証明書《しょうめいしょ》を発行《はっこう》して、それを銀行《ぎんこう》などに買《か》ってもらって足《た》りない分《ぶん》のお金《かね》を集《あつ》めているにゃ。銀行《ぎんこう》は、みんなから預《あず》かったお金《かね》で国債《こくさい》を買《か》うにゃ。つまり、銀行《ぎんこう》に預《あず》けているお金《かね》があれば、キミも国《くに》にお金《かね》を貸《か》していることになるにゃ。

お金《かね》が足《た》りないなら、お札《さつ》をたくさん刷《す》ればいいにゃ？

お金《かね》自体《じたい》の価値《かち》が下《さ》がって大混乱《だいこんらん》するにゃ！

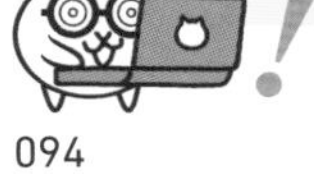

急《きゅう》にお金《かね》をたくさん刷《す》って世《よ》の中《なか》に出回《でまわ》るお金《かね》の量《りょう》が増《ふ》えすぎると、お金自体《かねじたい》の信用《しんよう》がなくなって価値《かち》が下《さ》がってしまうにゃ。すると社会《しゃかい》が大混乱《だいこんらん》してしまうから、政府《せいふ》はそうならないようお札《さつ》を刷《す》る量《りょう》を調節《ちょうせつ》しているにゃ。

なにごとも
あわてず
まずは
深呼吸《しんこきゅう》にゃ。

ふりかえりクイズ

全問正解《ぜんもんせいかい》したら完全勝利《かんぜんしょうり》にゃ!　全部《ぜんぶ》まちがえたら…
3ページ前《まえ》から何度《なんど》でもやりなおせばいいにゃ。

Q1

基本《きほん》

日本《にほん》の社会保障《しゃかいほしょう》で、あらかじめ保険料《ほけんりょう》を毎月払《まいつきはら》っておくと高齢《こうれい》になったときなどにお金《かね》をもらえる制度《せいど》といえば?

□□保険《ほけん》

Q2

基本《きほん》

日本《にほん》の社会保障《しゃかいほしょう》で、あらかじめ保険料《ほけんりょう》を毎月払《まいつきはら》っておくと病気《びょうき》やけがをしたときに、医療費《いりょうひ》の7~9割《わり》を払《はら》ってもらえる制度《せいど》といえば?

□□保険《ほけん》

Q3

基本《きほん》

年齢《ねんれい》に関係《かんけい》なく、重《おも》い病気《びょうき》などで働《はたら》けなくなったときにもらえる年金《ねんきん》はどっち?

①障害年金《しょうがいねんきん》　②遺族年金《いぞくねんきん》

Q4

激《げき》ムズ

日本政府《にほんせいふ》が、銀行《ぎんこう》などからお金《かね》を借《か》りるときに発行《はっこう》する「お金《かね》を借《か》りたという証明書《しょうめいしょ》」のことをなんという?

□□

答《こた》え Q1年金《ねんきん》　Q2健康《けんこう》　Q3①　Q4国債《こくさい》

ギモン 21

今《いま》100円《えん》のものは、10年後《ねんご》も100円《えん》で買《か》えるにゃ？

この100円玉《えんだま》をどこかに埋《う》めて隠《かく》しておいて、10年後《ねんご》にお菓子《かし》を買《か》うにゃ！

埋《う》めた場所《ばしょ》、忘《わす》れてる未来《みらい》が見《み》えるにゃ…。

物価《ぶっか》が上《あ》がって今《いま》100円《えん》のものが10年後《ねんご》200円《えん》になっているかもしれないにゃ！

「物価《ぶっか》」とは、世《よ》の中《なか》のものやサービスの値段《ねだん》を全体的《ぜんたいてき》に表《あらわ》す言葉《ことば》にゃ。日本《にほん》でも50年以上前《ねんいじょうまえ》と比《くら》べると物価《ぶっか》は上《あ》がっているにゃ。

たとえば…

ランドセルの値段《ねだん》
3円《えん》
9,000円《えん》
42,400円《えん》
1929年《ねん》
>>>
1974年《ねん》
>>>
2014年《ねん》

物価《ぶっか》は景気《けいき》がいいと上《あ》がり、景気《けいき》が悪《わる》いと下《さ》がっていくにゃ。世界《せかい》の経済《けいざい》は成長《せいちょう》し続《つづ》けているから、物価《ぶっか》も上《あ》がり続《つづ》けているにゃ。

とはいえ、いつの時代《じだい》も、おさがりならタダだけどにゃ。

ランドセルが3円《えん》!? 色違《いろちが》いで何個《なんこ》も買《か》って、日替《ひが》わりで使《つか》えちゃうにゃ！

サラリーマンの最初《さいしょ》のお給料《きゅうりょう》が55〜80円《えん》だった時代《じだい》の値段《ねだん》だから、何個《なんこ》も買《か》うのは大変《たいへん》だったと思《おも》うにゃ。

1か月《げつ》働《はたら》いて、
55円《えん》…？
本気《ほんき》にゃ…？

とても日本《にほん》の話《はなし》とは思《おも》えないにゃ！ どうしてものの値段《ねだん》が昔《むかし》とそんなに変《か》わったにゃ？

ものの値段《ねだん》がどうやって決《き》まっていくか、覚《おぼ》えてるにゃ？

えーと、たしか…「**ジュリーとキャリーのバランス**」にゃ！

知《し》らない人《ひと》のバランスで決《き》まっちゃ困《こま》るにゃ…。**需要《じゅよう》と供給《きょうきゅう》のバランス**にゃ。

つまり、
買《か》いたい人《ひと》が
増《ふ》えると
値段《ねだん》が上《あ》がる、
これが基本《きほん》
ルールにゃ。

それにくわえて、景気《けいき》がいいとものがどんどん売《う》れるにゃ。そうすると、経済《けいざい》が成長《せいちょう》して**日本中《にほんじゅう》のものやサービスの値段《ねだん》、あとはお給料《きゅうりょう》も全体的《ぜんたいてき》に上《あ》がっていく**にゃ。

経済《けいざい》が
「成長《せいちょう》する」と
ものの値段《ねだん》が
「高《たか》くなる」…
木《き》といっしょにゃ！

そうやってどんどんものの値段《ねだん》が上《あ》がってきたにゃ？

そのとおりにゃ。この、**世《よ》の中《なか》のものやサービスの全体的《ぜんたいてき》な値段《ねだん》のことを、物価《ぶっか》**っていうにゃ。

ふ〜ん…その物価《ぶっか》っていうのは、上《あ》がっていくって決《き》まってるにゃ？

下《さ》がることもあるけど、長《なが》い目《め》で見《み》れば日本《にほん》の物価《ぶっか》は昔《むかし》と比《くら》べて上《あ》がっているし、世《せ》界全体《かいぜんたい》で見《み》れば経済《けいざい》は成長《せいちょう》し続《つづ》けているから、**これからも物価《ぶっか》は上《あ》がると思《おも》っておいたほうがいい**にゃ。

じゃあこの
100円玉《えんだま》…
埋《う》めないほうが
よさそうにゃ。

掘《ほ》り起《お》こしたときには
100円《えん》じゃ
何《なに》も買《か》えないかも
しれないにゃ。

大人《おとな》も知《し》らない!?　お金《かね》のマメ知識《ちしき》にゃ。

バナナが昔《むかし》高級品《こうきゅうひん》だったのはホントにゃ?

ホント!

もともとは手軽《てがる》な値段《ねだん》だったけど、第二次世界大戦《だいにじせかいたいせん》が始《はじ》まって日本《にほん》に輸入《ゆにゅう》できなくなり、終戦《しゅうせん》後《ご》に輸入《ゆにゅう》が再開《さいかい》されたときにはとても高《たか》い値段《ねだん》で取引《とりひき》されたにゃ。1949年《ねん》(昭和《しょうわ》24年《ねん》)10月《がつ》ごろのバナナは、400グラム当《あ》たり約《やく》800円《えん》だったらしいにゃ。当時《とうじ》の平《へい》均的《きんてき》なお給料《きゅうりょう》が約《やく》1万円《まんえん》だったから、800円前後《えんぜんご》のバナナはとっても高価《こうか》な買《か》い物《もの》だったにゃ。

特別《とくべつ》な日《ひ》の食《た》べ物《もの》だったにゃ!

日本《にほん》の物価《ぶっか》って今《いま》までも上《あ》がってきたにゃ?

約《やく》60年《ねん》で、約《やく》4倍《ばい》になっているにゃ!

物価《ぶっか》の上《あ》がり方《かた》の計算方法《けいさんほうほう》はいろいろあるけど、国《くに》が調《しら》べている消《しょう》費者物価指数《ひしゃぶっかしすう》という数字《すうじ》を比《くら》べるのがひとつの方法《ほうほう》にゃ。たくさんの品物《しなもの》の値段《ねだん》を調《しら》べて物価《ぶっか》の変《へん》化《か》を記録《きろく》している数字《すうじ》で、それによると1965年《ねん》から2021年《ねん》で、物価《ぶっか》は約《やく》4倍《ばい》になっているにゃ!

60年前《ねんまえ》は100円《えん》だったものが今《いま》は400円《えん》くらいってことにゃ!

銭湯《せんとう》の入浴料《にゅうよくりょう》は勝手《かって》に値上《ねあ》げできないにゃ!

銭湯《せんとう》の入浴料金《にゅうよくりょうきん》は、各都道府県《かくとどうふけん》の知事《ちじ》が上限額《じょうげんがく》を決《き》めているにゃ。たとえば、2022年《ねん》の東京都《とうきょうと》では、12歳以上《さいいじょう》は500円《えん》、6~11歳《さい》は200円《えん》が上限金額《じょうげんきんがく》にゃ。第二次世界大戦《だいにじせかいたいせん》が終《お》わったあと物価《ぶっか》が急激《きゅうげき》に上《あ》がりすぎないよういくつかの品物《しなもの》の上限金額《じょうげんきんがく》を定《さだ》めた法律《ほうりつ》が、銭湯《せんとう》の入浴料《にゅうよくりょう》だけ今《いま》も残《のこ》っている状態《じょうたい》にゃ。

お風呂《ふろ》は健康《けんこう》な生活《せいかつ》に欠《か》かせないものだからにゃ。

ふりかえりクイズ

全問正解《ぜんもんせいかい》したら完全勝利《かんぜんしょうり》にゃ!　全部《ぜんぶ》まちがえたら…
3ページ前《まえ》から何度《なんど》でもやりなおせばいいにゃ。

Q1

「物価《ぶっか》」の説明《せつめい》として正《ただ》しいものはどれ?

基本《きほん》

①外国《がいこく》のお金《かね》を売《う》り買《か》いするときの値段《ねだん》
②買《か》い物《もの》をするときに支払《しはら》う税金《ぜいきん》
③世《よ》の中《なか》のものやサービスの全体的《ぜんたいてき》な値段《ねだん》

Q2

日本《にほん》の「物価《ぶっか》」は、50年前《ねんまえ》に比《くら》べてどうなっている?

基本《きほん》

①上《あ》がっている　②変《か》わらない　③下《さ》がっている

Q3

「物価《ぶっか》」の動《うご》きについて、正《ただ》しいものはどれ?

まあまあ

①景気《けいき》がいいと、物価《ぶっか》は下《さ》がる傾向《けいこう》がある。
②景気《けいき》がいいと、物価《ぶっか》は上《あ》がる傾向《けいこう》がある。
③景気《けいき》が悪《わる》いと、物価《ぶっか》は上《あ》がる傾向《けいこう》がある。

Q4

日本政府《にほんせいふ》が物価《ぶっか》の動《うご》きを知《し》るために
調《しら》べている指数《しすう》といえば?

激《げき》ムズ

□□□物価指数《ぶっかしすう》

答《こた》え　Q1③　Q2①　Q3②　Q4消費者《しょうひしゃ》

物価《ぶっか》って、どんどん下《さ》がったほうがうれしいにゃ？

モノの値段《ねだん》が下《さ》がれば、安《やす》く買《か》えてラッキーにゃ！

そう単純《たんじゅん》にはいかないのがお金《かね》の世界《せかい》にゃ…。

モノの値段《ねだん》が下《さ》がる→収入《しゅうにゅう》が減《へ》るという悪循環《あくじゅんかん》になることがあるにゃ！

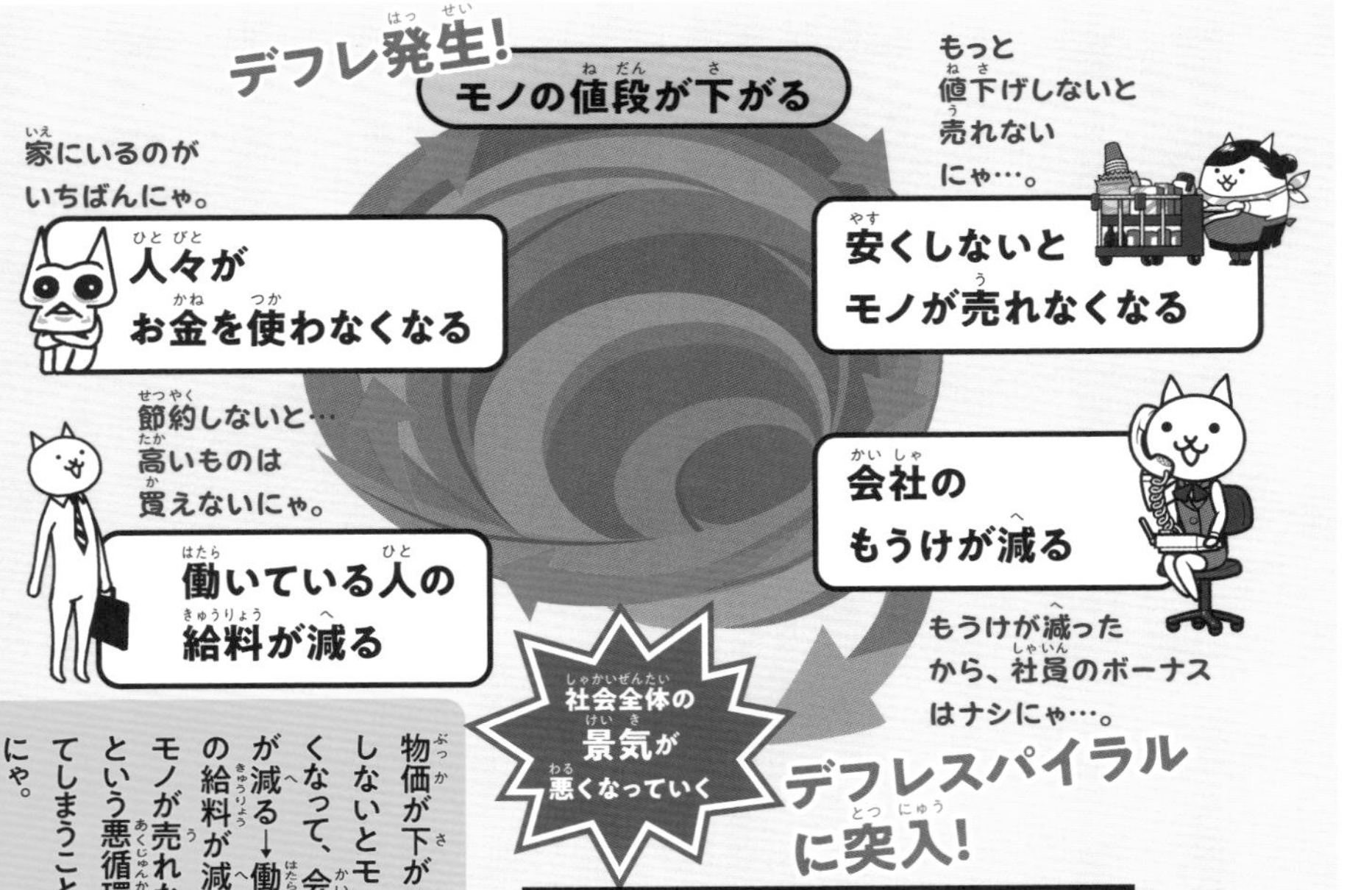
デフレ発生《はっせい》！
モノの値段《ねだん》が下《さ》がる
もっと値下《ねさ》げしないと売《う》れないにゃ…。
安《やす》くしないとモノが売《う》れなくなる
会社《かいしゃ》のもうけが減《へ》る
もうけが減《へ》ったから、社員《しゃいん》のボーナスはナシにゃ…。
社会全体《しゃかいぜんたい》の景気《けいき》が悪《わる》くなっていく
節約《せつやく》しないと…高《たか》いものは買《か》えないにゃ。
働《はたら》いている人《ひと》の給料《きゅうりょう》が減《へ》る
家《いえ》にいるのがいちばんにゃ。
人々《ひとびと》がお金《かね》を使《つか》わなくなる
デフレスパイラルに突入《とつにゅう》！

物価《ぶっか》が下《さ》がると、安《やす》くしないとモノが売《う》れなくなって、会社《かいしゃ》のもうけが減《へ》る→働《はたら》いている人《ひと》の給料《きゅうりょう》が減《へ》る→さらにモノが売《う》れなくなる、という悪循環《あくじゅんかん》になってしまうことがあるにゃ。

物価《ぶっか》が下《さ》がっていくことをデフレというにゃ。デフレが続《つづ》いて、どんどん景気《けいき》が悪《わる》くなる悪循環《あくじゅんかん》をデフレスパイラルというにゃ！

モノの値段《ねだん》なんて安《やす》ければ安《やす》いほどうれしいにゃ。

好《す》きな言葉《ことば》は値下《ねさ》げと割引《わりびき》にゃ。

1回《かい》の買《か》い物《もの》ならそれでもいいにゃ。でも、世《よ》の中《なか》のモノやサービスが全体的《ぜんたいてき》に値下《ねさ》がりして物価《ぶっか》が下《さ》がり続《つづ》けることを**デフレ（デフレーション）**と言《い》って、あんまりうれしくないことが起《お》こるキケンがあるにゃ。

タンスの角《かど》に足《あし》の小指《こゆび》をぶつける、とか？

それはたしかにうれしくないことナンバーワンにゃ。でもちがうにゃ。

モノの値段《ねだん》が下《さ》がると、**それを売《う》っている会社《かいしゃ》のもうけが減《へ》る**にゃ。もうけが減《へ》った会社《かいしゃ》はどうすると思《おも》うにゃ？

とりあえず踊《おど》るかにゃ！

それは楽《たの》しそうな会社《かいしゃ》にゃ。何《なん》の解決《かいけつ》にもならないけど。

ボーナスを減《へ》らしたりして、**働《はたら》いている人《ひと》のお給料《きゅうりょう》も減《へ》っていく**にゃ。

お給料《きゅうりょう》が減《へ》ると、どうなるにゃ？

使《つか》えるお金《かね》が減《へ》るってことだから、**今《いま》までより買《か》い物《もの》を減《へ》らすようになる**にゃ。つまり、もっとモノが売《う》れなくなって…。

もっとモノの値段《ねだん》が下《さ》がって、もっと会社《かいしゃ》のもうけがなくなる…!?
無限《むげん》ループにゃ！

そうにゃ。そうやってどんどん物価《ぶっか》が下《さ》がって景気《けいき》が悪《わる》くなってしまうことを、**デフレスパイラル**っていうにゃ。

スパイラルは「らせん」っていう意味《いみ》にゃ！

物価《ぶっか》が下《さ》がるのが悪《わる》いことなら、上《あ》がったほうがいいってことにゃ？

上《あ》がるのも下《さ》がるのも、あんまり**急激《きゅうげき》だとよくない**って覚《おぼ》えておいてほしいにゃ。

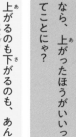

大人《おとな》も知《し》らない!? お金《かね》のマメ知識《ちしき》にゃ。

物価《ぶっか》が上《あ》がるとか下《さ》がるとか、どうしてわかるにゃ?

国《くに》が調《しら》べている消費者物価指数《しょうひしゃぶっかしすう》でわかるにゃ。

たくさんの品物《しなもの》の値段《ねだん》を調《しら》べて物価《ぶっか》の変化《へんか》を記録《きろく》しているのが「消費者物価指数《しょうひしゃぶっかしすう》」にゃ。物価《ぶっか》がどう動《うご》いているかで経済《けいざい》が元気《げんき》な状態《じょうたい》かそうでないかがわかるので、「経済《けいざい》の体温計《たいおんけい》」と呼《よ》ばれることもあるくらい、重要《じゅうよう》な数字《すうじ》にゃ!

まずは調子《ちょうし》が悪《わる》いことに気《き》づくのが大切《たいせつ》にゃ。

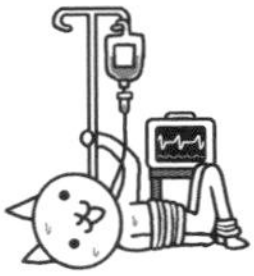

「バブル」って何《なん》にゃ?

景気《けいき》がどんどんよくなりすぎている状態《じょうたい》にゃ。

バブルは英語《えいご》で「泡《あわ》」のことにゃ。「バブル経済《けいざい》」というと、土地《とち》や宝石《ほうせき》など持《も》っていると財産《ざいさん》になるものが、特《とく》に理由《りゆう》もないのにどんどん値上《ねあ》がりして、大《おお》きな利益《りえき》を生《う》んでいるように見《み》える状態《じょうたい》のことにゃ。一時的《いちじてき》に社会全体《しゃかいぜんたい》が豊《ゆた》かになっているように見《み》えるけど、あっという間《ま》に値下《ねさ》がりして(バブル崩壊《ほうかい》)不景気《ふけいき》に転《てん》じることもある不安定《ふあんてい》な状態《じょうたい》にゃ。

日本《にほん》にはどのくらいの量《りょう》のお金《かね》が流通《りゅうつう》してるにゃ?

約《やく》125兆円分《ちょうえんぶん》。並《なら》べると月《つき》までの距離《きょり》の約《やく》8倍《ばい》の長《なが》さにゃ。

2022年《ねん》(令和《れいわ》4年《ねん》)の大晦日《おおみそか》の時点《じてん》で日本《にほん》に流通《りゅうつう》していたお札《さつ》の枚数《まいすう》は、185.9億枚《おくまい》にゃ。金額《きんがく》にすると約《やく》125兆円分《ちょうえんぶん》にゃ。積《つ》み重《かさ》ねると富士山《ふじさん》の約《やく》492倍《ばい》の高《たか》さに、横《よこ》に並《なら》べると月《つき》までの距離《きょり》の約《やく》8倍《ばい》の長《なが》さになるにゃ!

ふりかえりクイズ

全問正解《ぜんもんせいかい》したら完全勝利《かんぜんしょうり》にゃ!　全部《ぜんぶ》まちがえたら…
3ページ前《まえ》から何度《なんど》でもやりなおせばいいにゃ。

Q1

物価《ぶっか》が下《さ》がると、どんなことが起《お》きる可能性《かのうせい》がある?

基本《きほん》

①ものが売《う》れなくなり、ものを売《う》る会社《かいしゃ》のもうけが減《へ》り、働《はたら》く人《ひと》の給料《きゅうりょう》が増《ふ》える。

②ものが売《う》れなくなり、ものを売《う》る会社《かいしゃ》のもうけが減《へ》り、働《はたら》く人《ひと》の給料《きゅうりょう》が減《へ》る。

③ものがよく売《う》れて、ものを売《う》る会社《かいしゃ》のもうけが増《ふ》え、働《はたら》く人《ひと》の給料《きゅうりょう》が減《へ》る。

Q2

下《した》の説明文《せつめいぶん》の、□に当《あ》てはまる言葉《ことば》は?

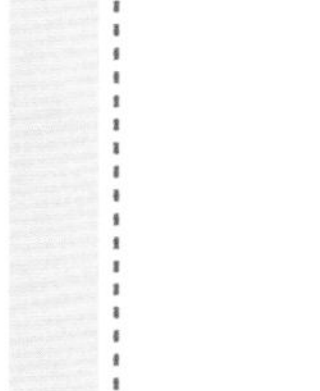

激《げき》ムズ

インフレ
物価《ぶっか》が上《あ》がっていくこと

↕

①□□□
インフレと反対《はんたい》に、物価《ぶっか》がどんどん下《さ》がっていくこと

ハイパーインフレ
インフレがものすごく急激《きゅうげき》に起《お》こっている状態《じょうたい》

↕

②□□□□□□□□□
①が進《すす》み、経済《けいざい》の悪循環《あくじゅんかん》が起《お》きてどんどん景気《けいき》が悪《わる》くなる状態《じょうたい》

答《こた》え　Q1②　Q2①デフレ　②デフレスパイラル

ギモン 23

景気《けいき》がいい・悪《わる》いって つまりどういうことにゃ？

さっきからちらほら出《で》てきてるこの言葉《ことば》、わかった顔《かお》で聞《き》き流《なが》してきたことをここに告白《こくはく》するにゃ。

正直《しょうじき》なことはいいことにゃ。
できればもっと早《はや》く言《い》ってほしかったけど。

世《よ》の中《なか》の お金《かね》の流《なが》れがよく流《なが》れているか そうでないか、にゃ！

景気《けいき》がいい状態《じょうたい》

ものがたくさん売《う》れて会社《かいしゃ》がもうかる → 働《はたら》く人《ひと》の給料《きゅうりょう》が増《ふ》える → ものの値段《ねだん》も上《あ》がっていく

どんどん使《つか》って、どんどん稼《かせ》ぐにゃ！

お金《かね》がスムーズに社会《しゃかい》を回《まわ》っている

景気《けいき》が悪《わる》い状態《じょうたい》

ものが売《う》れず会社《かいしゃ》のもうけが減《へ》る → 給料《きゅうりょう》が減《へ》ったり仕事《しごと》がなくなったりする → ものが売《う》れないのでさらに値段《ねだん》が下《さ》がる

入《はい》ってくるお金《かね》も、出《で》ていくお金《かね》も減《へ》る一方《いっぽう》にゃ。

じっ…。

お金《かね》の流《なが》れが滞《とどこお》っている

お金《かね》がたくさんスムーズに社会《しゃかい》を流《なが》れている状態《じょうたい》を景《けい》気《き》がいい、反対《はんたい》に、お金《かね》の流《なが》れが滞《とどこお》っている状態《じょうたい》を景気《けいき》が悪《わる》いっていうにゃ。

なんにせよ、不景気《ふけいき》な顔《かお》するもんちゃうにゃ！

景気《けいき》よくいくにゃ！

さっきは、ものの値段《ねだん》が下《さ》がって景気《けいき》が悪《わる》くなるときの話《はなし》をしたけど、よくなるときはだいたいその逆《ぎゃく》にゃ。

逆《ぎゃく》…レフデが起《お》きる、とか？

「デフレ」を逆《ぎゃく》から読《よ》まなくていいにゃ！

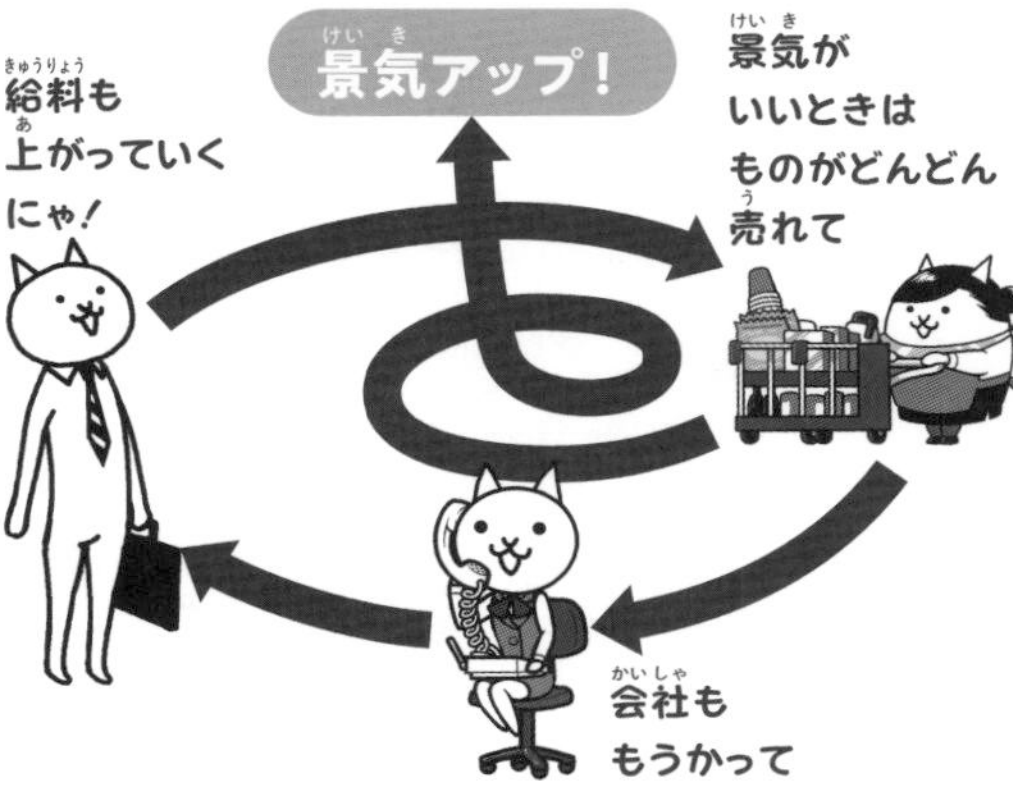
景気《けいき》アップ！
景気《けいき》が
いいときは
ものがどんどん
売《う》れて
会社《かいしゃ》も
もうかって
給料《きゅうりょう》も
上《あ》がっていく
にゃ！

簡単《かんたん》に言《い》えば、社会《しゃかい》のなかを**お金《かね》がどんどんスムーズに流《なが》れていると景気《けいき》がよくて、あんまり流《なが》れていないと景気《けいき》が悪《わる》い**ってことにゃ。

わかったような、わからないような…なんでスムーズに流《なが》れてたほうがいいにゃ？

体《からだ》にとっての血液《けつえき》が、日本社会《にほんしゃかい》にとってのお金《かね》と考《かんが》えるといいにゃ！

なるほど、それはスムーズに流《なが》れてたほうがよさそうにゃ！

ゆるやかにものの値段《ねだん》が上《あ》がっているくらいのほうが、景気《けいき》がよくて経済《けいざい》が元気《げんき》な状態《じょうたい》ってことにゃ。

でもなんとなく、ものの値《ね》段《だん》が安《やす》いほうがうれしい気《き》がしちゃうにゃ。

たしかに、日本《にほん》のなかだけだったら、物価《ぶっか》が下《さ》がって景《けい》気《き》が悪《わる》くてもそんなに困《こま》らないかもしれないにゃ。でも、**外国《がいこく》と取引《とりひき》がある現《げん》代《だい》はそういうわけにはいかないにゃ。**

世界《せかい》の景気《けいき》はいいのに、日本《にほん》だけ景気《けいき》が悪《わる》いといろいろ困《こま》ることが出《で》てくるにゃ…。

外国《がいこく》のことも考《かんが》えなくちゃいけないにゃ？

お金《かね》の世界《せかい》は、外国《がいこく》と切《き》っても切《き》れない関係《かんけい》があるにゃ！

大人《おとな》も知《し》らない!? お金《かね》のマメ知識《ちしき》にゃ。

景気《けいき》がいいときには、名前《なまえ》がつけられるにゃ！

過去《かこ》、日本《にほん》の景気《けいき》がいい状態《じょうたい》の時期《じき》には、それぞれ名前《なまえ》がつけられているにゃ。テレビ局《きょく》や新聞社《しんぶんしゃ》などのマスコミがつけた名前《なまえ》で、「オリンピック景気《けいき》」や「バブル景気《けいき》」など、景《けい》気《き》の内容《ないよう》がわかる名前《なまえ》や、「いざなぎ景気《けいき》」「岩戸景気《いわとけいき》」などのように、日本最古《にほんさいこ》の歴史書《れきししょ》・古事《こじ》記《き》に書《か》かれた神話《しんわ》からとった名《な》前《まえ》などがつけられているにゃ！

いい波《なみ》には名前《なまえ》をつけたくなるものにゃ！

景気《けいき》がいい・悪《わる》いってどう決《き》めてるにゃ？

「景気動向指数《けいきどうこうしすう》」という目安《めやす》の数字《すうじ》があるにゃ。

景気《けいき》がいい状態《じょうたい》か悪《わる》い状態《じょうたい》かを見極《みきわ》めるのは実《じつ》は意外《いがい》と難《むずか》しいにゃ。

ものがどれくらい作《つく》られているか、どのくらい仕事《しごと》の求人《きゅうじん》があるかなど、景気《けいき》に関係《かんけい》する数字《すうじ》を別々《べつべつ》に見《み》ていると、たくさんありすぎてよくわからないにゃ。

だからいろんな数字《すうじ》を統合《とうごう》して、ひとつの指標《しひょう》で景気《けいき》の動《うご》きを見《み》られるようにしているのが景気《けいき》動向指数《どうこうしすう》にゃ！

景気《けいき》を無理《むり》やりよくすることはできないにゃ？

国《くに》や日本銀行《にっぽんぎんこう》が、働《はたら》きかけることはあるにゃ。

景気《けいき》をよくするには、みんながどんどんものを買《か》えるようにする必要《ひつよう》があるにゃ。

それには、国《くに》や日本銀行《にっぽんぎんこう》がたくさんお金《かね》を使《つか》って世《よ》の中《なか》に流《なが》れるお金《かね》の量《りょう》を増《ふ》やすという方法《ほうほう》があるにゃ。

けれど、やりすぎて経済《けいざい》を混乱《こんらん》させてはいけないし、日本政府《にほんせいふ》はもともと借金《しゃっきん》だらけ。景気《けいき》を思《おも》い通《どお》りに動《うご》かすことはとても難《むずか》しいにゃ！

ふりかえりクイズ

全問正解《ぜんもんせいかい》したら完全勝利《かんぜんしょうり》にゃ!　全部《ぜんぶ》まちがえたら…
3ページ前《まえ》から何度《なんど》でもやりなおせばいいにゃ。

Q1

基本《きほん》

次《つぎ》のうち、「景気《けいき》がいい」状態《じょうたい》はどっち?

①ものがどんどん売《う》れて物価《ぶっか》が上《あ》がっていき、社会《しゃかい》のなかをお金《かね》がスムーズに流《なが》れている。
②ものが売《う》れず物価《ぶっか》が下《さ》がっていき、社会《しゃかい》のなかでお金《かね》があまり流《なが》れずにいる。

Q2

まあまあ

「オリンピック景気《けいき》」「いざなぎ景気《けいき》」など、今《いま》まで名前《なまえ》をつけられているのは景気《けいき》がどんな状態《じょうたい》の時期《じき》?

①とても景気《けいき》がいい時期《じき》
②あまり景気《けいき》がよくない時期《じき》
③とても景気《けいき》が悪《わる》い時期《じき》

Q3

激《げき》ムズ

景気《けいき》がどんな状態《じょうたい》かを見極《みきわ》めるために、関係《かんけい》があるいろいろな数字《すうじ》を統合《とうごう》してひとつの指標《しひょう》にしたものをなんという?

□□動向指数《どうこうしすう》

答《こた》え Q1①　Q2①　Q3景気《けいき》

ギモン 24

海外旅行《かいがいりょこう》にも日本《にほん》のお金《かね》を持《も》っていけばいいにゃ？

外国《がいこく》のお金《かね》のことも知《し》りたくなってきたから、ちょっとお散歩《さんぽ》がてら行《い》ってくるにゃ！

日本《にほん》から歩《ある》いて行《い》ける外国《がいこく》はないけど、どこの国《くに》に行《い》く気《き》にゃ？

国《くに》によって使《つか》えるお金《かね》はちがうにゃ！

国《くに》ごとに、それぞれお金《かね》を発行《はっこう》しているにゃ。
基本的《きほんてき》にはその国《くに》のお金《かね》に両替《りょうがえ》しないと使《つか》えないにゃ。

アメリカ　ドル

フランスなど　ユーロ

中国《ちゅうごく》　元《げん》

ザンビア　クワチャ

ベトナム　ドン

マダガスカル　アリアリ

両替《りょうがえ》

日本《にほん》で使《つか》われているお金《かね》「円《えん》」は海外《かいがい》でそのままは使《つか》えないにゃ。その国《くに》で使《つか》われているお金《かね》に両替《りょうがえ》してから使《つか》うにゃ。

その国《くに》で使《つか》われているお金《かね》を、その国《くに》の通貨《つうか》っていうにゃ。

日本《にほん》のお札《さつ》は、日本銀行《にっぽんぎんこう》が発行《はっこう》する「日本銀行券《にっぽんぎんこうけん》」にゃ。**ほかの国《くに》も、それぞれ自分《じぶん》の国《くに》で発行《はっこう》しているお金《かね》が**あるにゃ。

聞《き》いたことのないお金《かね》もあるにゃ！　マダガスカルのお金《かね》は、**「アリアリ」**っていうにゃ？

ないない、
ここにしまった
「アリアリ」が
ないない！

通貨《つうか》
ダジャレしにゃ！

日本《にほん》のお金《かね》の「円《えん》」しか持《も》ってないんだけど、外国《がいこく》で買《か》い物《もの》したいときはどうしたらいいにゃ？

円《えん》からその国《くに》のお金《かね》に、**両替《りょうがえ》**する必要《ひつよう》があるにゃ。

両替《りょうがえ》？　交換《こうかん》ってことにゃ？　さっそく100円《えん》と100ドルを交《こう》換《かん》してくるにゃ！

交換《こうかん》とはちょっとちがうにゃ！　**「円《えん》をドルにかえる」**というのは、**「円《えん》でドルを買《か》う」**ってことにゃ！

お弁当《べんとう》、お茶《ちゃ》に
お菓子《かし》、
そして「ドル」、
いかが
ですかにゃ〜。

円《えん》で、外国《がいこく》のお金《かね》を買《か》う？　ということは、外国《がいこく》のお金《かね》にも「値段《ねだん》」があるにゃ？

その通《とお》りにゃ！　**1ドルが日本円《にほんえん》ならいくらで買《か》えるか、値段《ねだん》にしたがって売《う》り買《か》いする**にゃ。

なるほどにゃ。じゃあ、100円《えん》で何《なん》ドル買《か》えるにゃ？

その質問《しつもん》、**実《じつ》は1秒《びょう》ごと、常《つね》に答《こた》えが変《か》わる**にゃ！

クイズ問題《もんだい》
にはできな
いにゃ。

ものの値段《ねだん》って、どうやって決《き》まるか覚《おぼ》えてるにゃ？

需要《じゅよう》と供給《きょうきゅう》の
バランスにゃ！

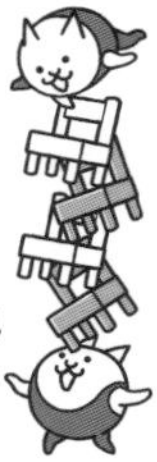

あと景気《けいき》
とか。

つまり、**外国《がいこく》のお金《かね》も、買《か》いたい人《ひと》が多《おお》いときは高《たか》くなるし、少《すく》なければ安《やす》くなる**ってことにゃ？

大正解《だいせいかい》にゃ！　そうやって決《き》まる外国《がいこく》のお金《かね》の値段《ねだん》を、**為替《かわせ》レート**っていうにゃ！

大人《おとな》も知《し》らない!? お金《かね》のマメ知識《ちしき》にゃ。

外国《がいこく》のお金《かね》との両替《りょうがえ》、コインは一部《いちぶ》の通貨《つうか》しかできないにゃ!

外国《がいこく》のコインを日本《にほん》の銀行《ぎんこう》が両替《りょうがえ》すると、銀行《ぎんこう》はそのコインを相手《あいて》の国《くに》に運《はこ》んでお札《さつ》と交換《こうかん》する必要《ひつよう》があるにゃ。でも、コインは重《おも》たくて運《はこ》ぶお金《かね》がたくさんかかるし、とっても効率《こうりつ》が悪《わる》いにゃ。だから銀行《ぎんこう》ではコインは両替《りょうがえ》できないにゃ。できても、アメリカドルや中国元《ちゅうごくげん》など限《かぎ》られた通貨《つうか》だけの場合《ばあい》がほとんどにゃ。

大量《たいりょう》のコイン…
重《おも》すぎて
運《はこ》べる自信《じしん》ないにゃ。

日本《にほん》のお金《かね》はどうして「円《えん》」に決《き》まったにゃ?

コインを全部《ぜんぶ》丸《まる》い「円形《えんけい》」にしたからといわれているにゃ!

いろんな説《せつ》があるけれど、1871年《ねん》(明治《めいじ》4年《ねん》)に「円《えん》」という単位《たんい》が使《つか》われることが決《き》まったにゃ。このとき、コインの形《かたち》をすべて丸《まる》い「円形《えんけい》」に統一《とういつ》したから、という説《せつ》があるにゃ。

それまでは
だ円形《えんけい》の
小判《こばん》とかも
あったにゃ!

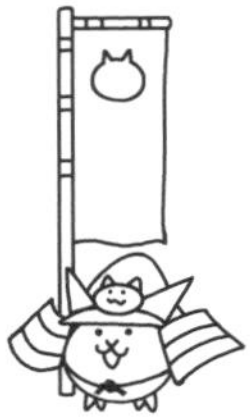

日本銀行《にっぽんぎんこう》の建物《たてもの》は漢字《かんじ》の「円《えん》」の形《かたち》をしているにゃ。

日本銀行本店本館《にっぽんぎんこうほんてんほんかん》の建物《たてもの》を空《そら》から見《み》ると、漢字《かんじ》の「円《えん》」の形《かたち》をしているにゃ。でもこれ実《じつ》は、ねらったものではなくて偶然《ぐうぜん》だったともいわれているにゃ。

この建物《たてもの》が建《た》てられた当時《とうじ》、お金《かね》には「圓《えん》」という漢字《かんじ》が使《つか》われていて、「円《えん》」という字《じ》が正式《せいしき》に使《つか》われるようになったのはずっと後《あと》だからにゃ!

設計《せっけい》した人《ひと》は
未来《みらい》が見《み》える
エスパー
かもにゃ。

ふりかえりクイズ

全問正解《ぜんもんせいかい》したら完全勝利《かんぜんしょうり》にゃ!　全部《ぜんぶ》まちがえたら…
3ページ前《まえ》から何度《なんど》でもやりなおせばいいにゃ。

Q1

日本《にほん》でいえば「円《えん》」など、その国《くに》で使《つか》われている
お金《かね》のことをなんという？

基本《きほん》

□□

Q2

外国《がいこく》でお金《かね》を使《つか》うためには、持《も》っているお金《かね》を
その国《くに》のお金《かね》に□□しなければいけない。
□□に入《はい》る言葉《ことば》は？

基本《きほん》

□□

Q3

外国《がいこく》のお金《かね》を日本円《にほんえん》で買《か》うときの値段のことを
なんという？

激《げき》ムズ

□□レート

Q4

外国《がいこく》のお金《かね》を日本円《にほんえん》で買《か》うときの値段《ねだん》についての
説明《せつめい》で、正《ただ》しいものはどれ？

激《げき》ムズ

①1ドルはずっと100円《えん》と決《き》まっている。
②常《つね》に値段《ねだん》が変《か》わる。
③1年《ねん》に一度《いちど》、値段《ねだん》が変《か》わる。

答《こた》え　Q1通貨《つうか》　Q2両替《りょうがえ》　Q3為替《かわせ》　Q4②

ギモン 25

円高《えんだか》、円安《えんやす》って何《なん》のことにゃ?

テレビのニュースでよく聞《き》くにゃ。
流行《はや》ってる言葉《ことば》か何《なに》かにゃ?

今《いま》も昔《むかし》もこれから先《さき》も、たぶんニュースに登場《とうじょう》し続《つづ》ける言葉《ことば》にゃ!

外国《がいこく》のお金《かね》に対《たい》して、日本円《にほんえん》の価値《かち》が高《たか》いか・低《ひく》いかを表《あらわ》す言葉《ことば》にゃ!

たとえば1ドルのネコカンを買《か》いたいとき

円高《えんだか》

為替《かわせ》レート

1ドル=50円《えん》

1ドル=100円《えん》

1ドル=150円《えん》

円安《えんやす》

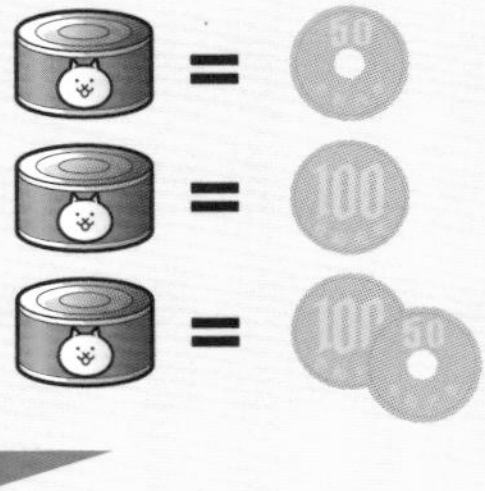

50円《えん》だけで買《か》える!
…円《えん》の価値《かち》が高《たか》い

100円《えん》で買《か》える

150円《えん》も必要《ひつよう》になってしまう
…円《えん》の価値《かち》が低《ひく》い
(安《やす》い)

外国《がいこく》のお金《かね》を買《か》うのに、たくさんの日本《にほん》円《えん》が必要《ひつよう》になると円《えん》安《やす》、少《すこ》しの日本円《にほんえん》で買《か》えるときは円高《えんだか》、というにゃ。

何《なに》もしてなくても
為替《かわせ》レートが
変《か》わるだけで
必要《ひつよう》なお金《かね》が
変《か》わるフシギにゃ!

外国《がいこく》のお金《かね》を買《か》うときの値《ね》段《だん》、**「為替《かわせ》レート」**は、**常《つね》に変《か》わる**にゃ。「1ドル＝150円《えん》」だったのが「1ドル＝50円《えん》」になったら**円高《えんだか》**になった、と言《い》うにゃ。

ちょっと待《ま》つにゃ、150円《えん》から50円《えん》に安《やす》くなってるから、円《えん》安《やす》じゃないにゃ？

確《たし》かにややこしいけど、**金額《きんがく》じゃなくて、日本円《にほんえん》の価値《かち》の高《たか》さ**を表《あらわ》しているにゃ。

1ドル＝150円《えん》

たくさんの日本円《にほんえん》でようやく交換《こうかん》できる…円《えん》の価値《かち》が低《ひく》い円安《えんやす》ってことにゃ！

1ドル＝50円《えん》

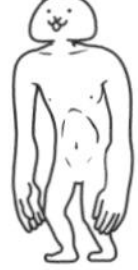

少《すく》ない日本円《にほんえん》で交換《こうかん》できる…円《えん》の価値《かち》が高《たか》い円高《えんだか》ってことにゃ！

なんとなくわかってきたにゃ。で、どっちのほうがうれしいことにゃ？

どっちのほうが得《とく》するかは、**外国《がいこく》からものを買《か》うか、外国《がいこく》にものを売《う》るかでちがう**にゃ。

お金《かね》を払《はら》う側《がわ》か、もらう側《がわ》かでちがうってことにゃ？

そうにゃ。たとえば、**海外旅《かいがいりょ》行《こう》に行《い》って買《か》い物《もの》するなら円高《えんだか》のほうがいい**にゃ！

1ドルの外国《がいこく》のジュース

円安《えんやす》

1ドル＝150円《えん》なら
↳150円《えん》かかる

円高《えんだか》

1ドル＝50円《えん》なら
↳50円《えん》で買《か》える!

円高《えんだか》なら安《やす》く買《か》えるにゃ！

逆《ぎゃく》に**外国《がいこく》にものを売《う》るときは、同《おな》じ1ドルで売《う》っても受《う》け取《と》る日本円《にほんえん》の金額《きんがく》が大《おお》きくなる円安《えんやす》のほうがいい**にゃ。

なるほどにゃ。**「ネコの手作《てづく》りぴかぴか泥《どろ》ダンゴ」**を海外《かいがい》に売《う》り出《だ》すのは、円安《えんやす》になるタイミングを待《ま》つことにするにゃ！

買《か》う人《ひと》がいなかったら円安《えんやす》でも関係《かんけい》ないけど…いや、何《なん》でもないにゃ。

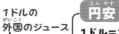

大人《おとな》も知《し》らない!?お金《かね》のマメ知識《ちしき》にゃ。

為替《かわせ》ってなんにゃ？

現金《げんきん》を動《うご》かさないで、お金《かね》をやりとりすることにゃ。

たとえば、銀行《ぎんこう》で自分《じぶん》の口座《こうざ》から別《べつ》の口座《こうざ》にお金《かね》を振《ふ》り込《こ》む手《て》続《つづ》きをすれば、現金《げんきん》を使《つか》わなくても口座《こうざ》から口座《こうざ》へお金《かね》が移《うつ》るにゃ。そうやって現金《げんきん》を移動《いどう》させることなくお金《かね》のやりとりをすること全体《ぜんたい》を「為替《かわせ》」っていうにゃ。

なかでも外国《がいこく》のお金《かね》との取引《とりひき》を「外国為替《がいこくかわせ》」っていうにゃ！

ハンバーガーの値段《ねだん》で世界《せかい》の経済《けいざい》を比《くら》べられるにゃ！

マクドナルド社《しゃ》が世界中《せかいじゅう》の国《くに》で売《う》っている「ビッグマック」というハンバーガーがあるにゃ。同《おな》じ商品《しょうひん》だけど、売《う》る国《くに》の物価《ぶっか》や景気《けいき》で国《くに》ごとに値段《ねだん》がちがうから、その値段《ねだん》を比《くら》べることで、各国《かっこく》の経済《けいざい》の状況《じょうきょう》を比《くら》べることができるにゃ。

その名《な》も「ビッグマック指数《しすう》」って呼《よ》ばれてるにゃ！

日本円《にほんえん》は、「強《つよ》い通貨《つうか》」にゃ！

外国《がいこく》のお金《かね》をやりとりする外国《がいこく》為替《かわせ》では、売《う》り買《か》いされる量《りょう》の多《おお》いお金《かね》が信頼度《しんらいど》が高《たか》くて「強《つよ》い」とされているにゃ。

日本政府《にほんせいふ》は借金《しゃっきん》がたくさんあるけれど、日本《にほん》の企業《きぎょう》や個人《こじん》が持《も》っているお金《かね》を全部合《ぜんぶあ》わせれば、借《しゃっ》金《きん》を楽々返《らくらくかえ》せるといわれているにゃ。

だから日本《にほん》は国《くに》が倒《たお》れてしまう可能性《かのうせい》はとても低《ひく》い、と信頼《しんらい》されているにゃ。

個人《こじん》のお金《かね》を国《くに》の借金返済《しゃっきんへんさい》に使《つか》われたら困《こま》るけどにゃ…。

ふりかえりクイズ

全問正解《ぜんもんせいかい》したら完全勝利《かんぜんしょうり》にゃ!　全部《ぜんぶ》まちがえたら…
3ページ前《まえ》から何度《なんど》でもやりなおせばいいにゃ。

Q1

基本《きほん》

下《した》の図《ず》の□□に当《あ》てはまる言葉《ことば》は?

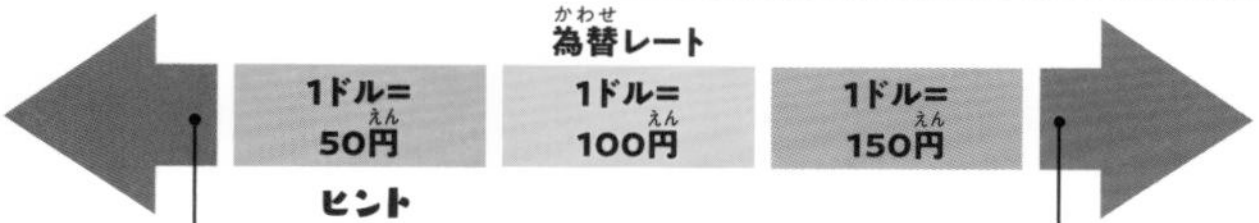
為替《かわせ》レート
1ドル=50円《えん》
1ドル=100円《えん》
1ドル=150円《えん》

① □□

ヒント
「円《えん》」の価値《かち》が1ドルに比《くら》べて高《たか》いか低《ひく》いかで考《かんが》えるにゃ。

② □□

Q2

まあまあ

海外旅行《かいがいりょこう》に行《い》くなら、円安《えんやす》のときと円高《えんだか》のとき、どっちのほうが海外《かいがい》で安《やす》く過《す》ごせる?

①円高《えんだか》のとき　②円安《えんやす》のとき

Q3

激《げき》ムズ

外国《がいこく》に日本《にほん》からものを売《う》るなら、円安《えんやす》のときと円高《えんだか》のとき、どっちのほうがもうけが多《おお》くなる?

①円高《えんだか》のとき　②円安《えんやす》のとき

Q4

激《げき》ムズ

世界中《せかいじゅう》で売《う》っているハンバーガーの値段《ねだん》のちがいで、各国《かっこく》の経済《けいざい》の状況《じょうきょう》を比《くら》べる指数《しすう》といえば?

□□□□□□指数《しすう》

答《こた》え　Q1①円高《えんだか》　②円安《えんやす》　Q2①　Q3②　Q4ビッグマック

第《だい》4章《しょう》

お金《かね》の増《ふ》やし方《かた》

知《し》っていると知《し》らないとでは大違《おおちが》い!

正直《しょうじき》、増《ふ》やし方《かた》がいちばん知《し》りたいことにゃ!

ネコは、どんなことをすればいいと思《おも》うにゃ?

そりゃあもちろん、宝《たから》くじを買《か》うにゃ!

それはあんまり確率《かくりつ》が高《たか》い方法《ほうほう》じゃないにゃ…。もっと確《たし》かな方法《ほうほう》もあるにゃ。

この図《ず》を覚《おぼ》えてるにゃ?

未来《みらい》の自分《じぶん》のためにお金《かね》をかしこく使《つか》うことが、お金《かね》の増《ふ》やし方《かた》につながる!

株式投資《かぶしきとうし》※をしてお金《かね》を増《ふ》やすにゃ。
※138ページから解説《かいせつ》するにゃ。
庭《にわ》をお花畑《はなばたけ》にするために、花《はな》のタネを買《か》うにゃ!
本《ほん》を買《か》ってさらにかしこくなるにゃ!

未来《みらい》の自分《じぶん》…想像《そうぞう》するだけで夢《ゆめ》が広《ひろ》がるにゃ。

ん？　初《はじ》めて見《み》た図《ず》にゃ！

いっそすがすがしいほど完《かん》全《ぜん》に忘《わす》れてるにゃ…。まあ詳《くわ》しくは49ページを見《み》てもらうとして…。

お金《かね》を増《ふ》やすことを考《かんが》えるときは、この図《ず》でいうと**「未《み》来《らい》」の「自分《じぶん》のため」の使《つか》い方《かた》を考《かんが》えるといいにゃ。**

未来《みらい》のためにゃ？　でも吾輩《わがはい》、いつでも今《いま》を大《たい》切《せつ》に生《い》きるタイプにゃ。

それはいい心《こころ》がけだけど。**未来《みらい》のための使《つか》い方《かた》を知《し》れば、世《よ》の中《なか》のことがよくわかって今《いま》がもっと楽《たの》しくなるかもしれないにゃ！**

（何《なん》のためにお金《かね》を使《つか》う？）

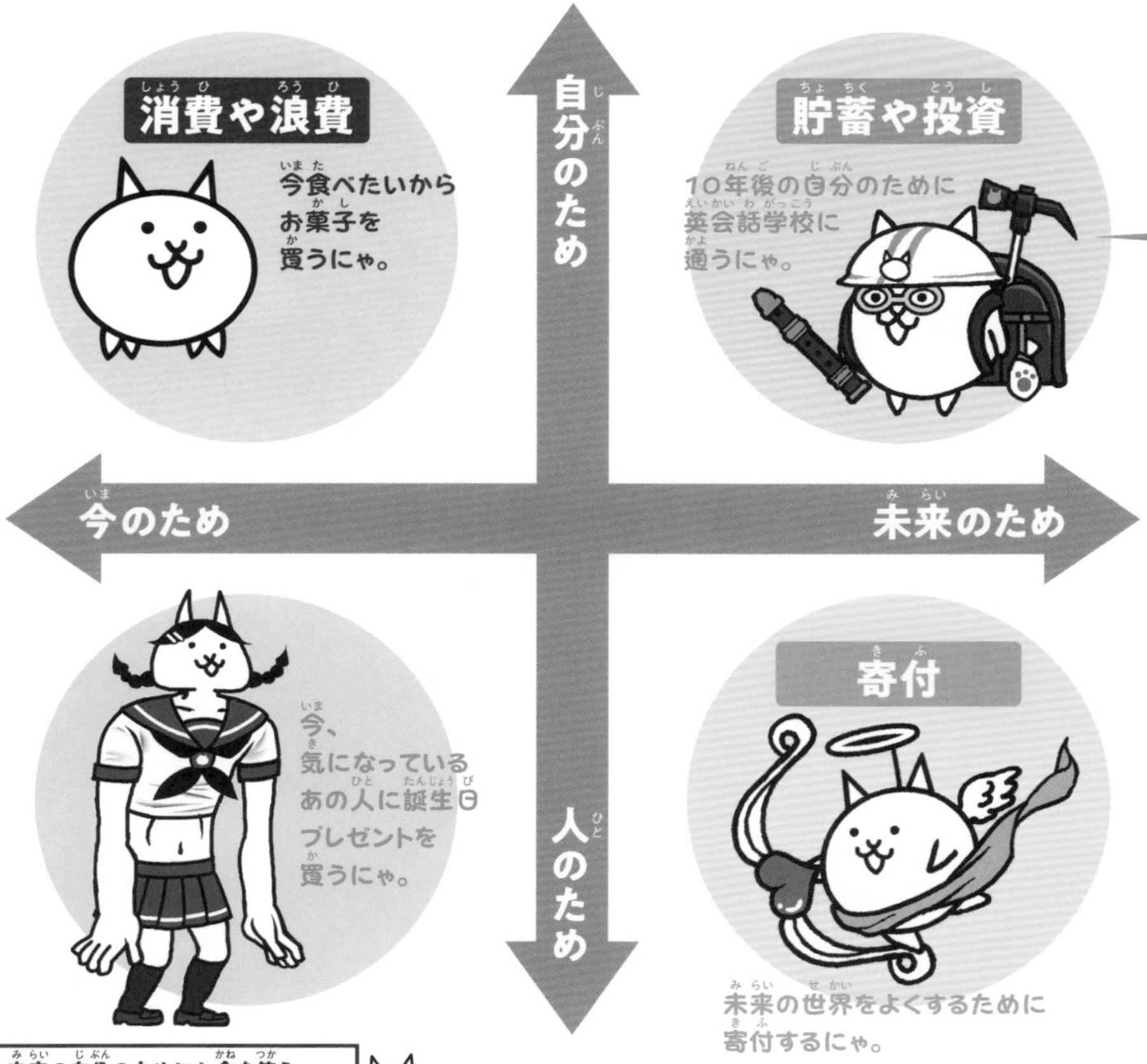

自《じ》分《ぶん》のため
人《ひと》のため
今《いま》のため
未来《みらい》のため
消費《しょうひ》や浪費《ろうひ》
今《いま》食《た》べたいから
お菓子《かし》を
買《か》うにゃ。
貯蓄《ちょちく》や投資《とうし》
10年後《ねんご》の自分《じぶん》のために
英会話学校《えいかいわがっこう》に
通《かよ》うにゃ。
今《いま》、
気《き》になっている
あの人《ひと》に誕生日《たんじょうび》
プレゼントを
買《か》うにゃ。
寄付《きふ》
未来《みらい》の世界《せかい》をよくするために
寄付《きふ》するにゃ。

未来《みらい》の自分《じぶん》のためにお金《かね》を使《つか》う、お金《かね》の増《ふ》やし方《かた》を教《おし》えるにゃ！

ギモン 26

お金《かね》が欲《ほ》しいときは どうすればいいにゃ？

とりあえず、銀行《ぎんこう》に行《い》けば
お金《かね》をもらえるにゃ？

銀行《ぎんこう》はただでお金《かね》をくれる場所《ばしょ》じゃないにゃ。

お金《かね》を手《て》に入《い》れる手段《しゅだん》は、大《おお》きく3つあるにゃ！

働《はたら》く

働《はたら》く人《ひと》の力《ちから》と時間《じかん》を売《う》る、とも言《い》えるにゃ！

ものを売《う》る

作《つく》ったり仕入《しい》れたりしたものを売《う》って、もうけを出《だ》すにゃ！

投資《とうし》をして増《ふ》やす

「お金《かね》に働《はたら》いてもらう」ってイメージにゃ！

ものや労働力《ろうどうりょく》を売《う》ってお金《かね》を稼《かせ》いだり、「投資《とうし》」ということをして増《ふ》やしたりするのがお金《かね》を手《て》に入《い》れる方法《ほうほう》にゃ。

宝《たから》くじのような賭《か》け（ギャンブル）で増《ふ》やすのは、失敗《しっぱい》する危険性《きけんせい》が高《たか》すぎてオススメできないにゃ。

オタネコ、お金《かね》が欲《ほ》しいからちょうだいにゃ。

「ちょうだい」でもらえる世《せ》界《かい》だったら良《よ》かったけどにゃ。何《なに》もしないでお金《かね》を手《て》に入《い》れることはできないにゃ。

じゃあ世界《せかい》をほろぼして一《いち》から作《つく》り直《なお》すにゃ…。

落《お》ち着《つ》くにゃ! もっといい方法《ほうほう》がちゃんとあるにゃ。

まずは、**「ものを売《う》る」**ことでお金《かね》を稼《かせ》ぐ方法《ほうほう》にゃ。

オノ、2つあるからひとつ売《う》るにゃ。

売《う》っていいやつにゃ!?

売《う》るもの…特《とく》にないにゃ。

そういうときは、**「働《はたら》く」**方《ほう》法もあるにゃ。言《い》い方《かた》を変《か》えれば、**自分《じぶん》の労働力《ろうどうりょく》と時間《じかん》を売《う》る**、ということにゃ。

もちつきのバイト、時給《じきゅう》900円《えん》にゃ。

いいこと思《おも》いついたにゃ! ちびネコたちに代《か》わりに働《はたら》いてもらえば、何《なに》もしないでお金《かね》がもらえるにゃ!

代《か》わりに働《はたら》く? そんなのいやにゃ。

ダメだったにゃ。

そりゃそうにゃ。

自分《じぶん》で働《はたら》く以外《いがい》の方法《ほうほう》なら、**「投資《とうし》をして増《ふ》やす」**方《ほう》法もあるにゃ。

投資《とうし》…? 増《ふ》やす…? どういうことにゃ?

これから価値《かち》が上《あ》がりそうなものを買《か》っておくことで、買《か》ったときと売《う》るときの値《ね》段《だん》の差《さ》でお金《かね》を増《ふ》やすにゃ。

買《か》っておくだけでいいにゃ? それ、やりたいにゃ!

さ! これから価値《かち》が100%《パーセント》上《あ》がるものを教《おし》えてほしいにゃ!

それはおしゃかさまでもわからないにゃ。

投資《とうし》の場合《ばあい》気《き》をつけなくちゃいけないのは、未来《みらい》は誰《だれ》にもわからないから、もともとあったお金《かね》が減《へ》る危険《きけん》もあるってことにゃ。

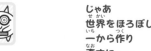

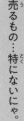

大人《おとな》も知《し》らない!? お金《かね》のマメ知識《ちしき》にゃ。

宝《たから》くじの1等《とう》ってどのくらい当《あ》たるにゃ?

約《やく》1000万分《まんぶん》の1の確率《かくりつ》にゃ。

宝《たから》くじの種類《しゅるい》によってもちがいがあるけれど、1等《とう》の当選確率《とうせんかくりつ》は1000万分《まんぶん》の1のものが多《おお》いにゃ。気《き》が遠《とお》くなるほど低《ひく》い確率《かくりつ》だから、お金《かね》を増《ふ》やすために宝《たから》くじを当《あ》てにするのはあまりおすすめできないにゃ。

超能力《ちょうのうりょく》をもってしても、当《あ》てるのは難《むずか》しそうにゃ。

一生《いっしょう》で稼《かせ》ぐお金《かね》は1億《おく》5千万《せんまん》~2億《おく》7千万円《せんまんえん》といわれるにゃ。

学校《がっこう》を卒業《そつぎょう》した後《あと》、正社員《せいしゃいん》※として60歳《さい》まで働《はたら》いたとすると、一生《いっしょう》の間《あいだ》にもらえる給料《きゅうりょう》の合計《ごうけい》は約《やく》1億《おく》5千万《せんまん》~2億《おく》7千万円《せんまんえん》になるといわれているにゃ。ものすごく大金《たいきん》のようだけど、一《いっ》生《しょう》に必要《ひつよう》なお金《かね》は2億円程度《おくえんていど》といわれることもあるにゃ。入《はい》ってくるお金《かね》と使《つか》うお金《かね》の、自《じ》分《ぶん》にとっていいバランスを考《かんが》えるのが大切《たいせつ》にゃ。

※「正社員《せいしゃいん》」とは、期限《きげん》を決《き》めずに会社《かいしゃ》に雇《やと》われて働《はたら》いている人《ひと》のことをさすにゃ。詳《くわ》しくは124ページを見《み》るにゃ。

小学生《しょうがくせい》も働《はたら》いてもいいにゃ?

中学校《ちゅうがっこう》を卒業《そつぎょう》するまでは原則《げんそく》働《はたら》けないにゃ。

日本《にほん》では、満《まん》15歳《さい》になった後《あと》の最初《さいしょ》の3月《がつ》31日《にち》が終了《しゅうりょう》した後《あと》、つまり中学校《ちゅうがっこう》を卒業《そつぎょう》した後《あと》じゃないと働《はたら》けないにゃ。ただし、満《まん》13歳《さい》以《い》上《じょう》なら特別《とくべつ》な許可《きょか》をとることで、学校《がっこう》の授業時間外《じゅぎょうじかんがい》に、新聞配達《しんぶんはいたつ》など健康《けんこう》や福祉《ふくし》に害《がい》のない仕事《しごと》ができるにゃ。

子役《こやく》の俳優《はいゆう》やタレントは満《まん》13歳未満《さいみまん》でも、許可《きょか》をとれば仕事《しごと》ができるにゃ。

おうちの人《ひと》とチャレンジ!

やってみるとさらに大人《おとな》にゃ

おすすめワーク

フリーマーケットやフリマアプリでいらないものを売《う》ってみよう!

おうちの人《ひと》といっしょに、使《つか》わなくなったおもちゃなど
家《いえ》にあるいらないものを売《う》ってみよう。

- 何《なに》を売《う》る?　売《う》りものになりそうなのはどんなもの?
- 誰《だれ》に対《たい》して売《う》る?　欲《ほ》しい人《ひと》はいそう?　いくらで売《う》る?
- 送料《そうりょう》や、送《おく》るための材料《ざいりょう》はいくらかかる?
- どんな売《う》り文句《もんく》で売《う》る?　どんな写真《しゃしん》を載《の》せる?

ゴミ箱《ばこ》にあったくちゃくちゃの折《お》り紙《かみ》、どんな売《う》り文《もん》句《く》なら売《う》れるかにゃ?

元《もと》がゴミだと、売《う》り文句《もんく》ではどうにもならなそうにゃ…。

ここに気《き》づいてにゃ!

ものを売《う》る工夫《くふう》には、経済《けいざい》のしくみのエッセンスがつまっているにゃ!

誰《だれ》に、何《なに》を、どんな売《う》り文句《もんく》で、いくらで売《う》るか。
それはお金《かね》をかせぐときに考《かんが》える必要《ひつよう》がある基本《きほん》の「き」にゃ。
自分《じぶん》ならそれにお金《かね》を払《はら》いたいと思《おも》うか、どんな人《ひと》なら払《はら》いたいと思《おも》ってくれそうかを考《かんが》えて工《く》夫《ふう》して、そして実際《じっさい》にその結果《けっか》はどうだったか。
それを経験《けいけん》すれば、お金《かね》のしくみの基本《きほん》がわかったと言《い》っても過言《かごん》ではないにゃ!

《おうちの方へ》
フリマアプリを使っての販売には、トラブルの可能性もあります。出品・販売・発送の際は、必ずいっしょに行ってください。また、「全く売れない」という状況はお子さまの学習意欲をそぐ可能性があります。商品選びや値付けには、ぜひアドバイスをしてあげてください。

ギモン 27

どんな仕事《しごと》をすればたくさんお金《かね》がもらえるにゃ？

ためしに松《まつ》ぼっくりを数《かぞ》える仕事《しごと》をしてみたけど、
誰《だれ》もお金《かね》をくれなかったにゃ。

落《お》ちてる松《まつ》ぼっくりの数《かず》がわかっても、
だれもあんまりうれしくないからにゃ…。

キーワードは、「困《こま》り解決《かいけつ》」「感謝《かんしゃ》」「熱狂《ねっきょう》」にゃ！

お金《かね》を稼《かせ》ぐということは、
誰《だれ》かにお金《かね》を払《はら》ってもらうということにゃ。
お金《かね》を払《はら》ってもらえることのキーワードは…

誰《だれ》かにお金《かね》を払《はら》ってもらうには、相《あい》手《て》にとって価値《かち》があることをする必《ひっ》要《よう》があるにゃ。どれも簡単《かんたん》ではないにゃ！

ごろごろしてる
だけじゃダメ
そうにゃ。

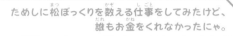

2021年《ねん》（令和《れいわ》3年《ねん》）時点《じてん》での、1年間《ねんかん》の収入《しゅうにゅう》が多《おお》い職業《しょくぎょう》ランキングはこんな感《かん》じにゃ！

職業別平均年収《しょくぎょうべつへいきんねんしゅう》ランキング

1位《い》・医師《いし》
2位《い》・パイロット
3位《い》・大学教授《だいがくきょうじゅ》
4位《い》・経営者《けいえいしゃ》／金融《きんゆう》・保険業《ほけんぎょう》
5位《い》・弁護士《べんごし》など法務従事者《ほうむじゅうじしゃ》

あくまで
平均年収《へいきんねんしゅう》の話《はなし》にゃ！

（厚生労働省『令和3年賃金構造基本統計調査』より算出）

じゃあ、この中《なか》から選《えら》べばいいにゃ？ うーん…大学教授《だいがくきょうじゅ》にしようかにゃ…？

…仕事《しごと》は、もらえるお金《かね》だけで決《き》めるのはあんまりオススメしないにゃ。

たしかに、教《おし》えるより教《おそ》わるほうがトクイにゃ！

そうにゃ。**自分《じぶん》のできることやトクイなこと**を元《もと》に考《かんが》えたほうが、長続《ながつづ》きするし結局《けっきょく》はお金《かね》をもらえることにもつながるにゃ。

トクイなのは
ホッピングにゃ！

それを
生《い》かせる仕事《しごと》…
きっとあるにゃ。
世界中《せかいじゅう》さがせば、
きっと。

誰《だれ》かにお金《かね》を払《はら》ってもらえることっていうのは、だいたい**「困《こま》っていることを解決《かいけつ》すること」**

病気《びょうき》を
治《なお》すにゃ！

「感謝《かんしゃ》されること」

おいしい
ラーメンを
作《つく》るにゃ！

「誰《だれ》かに熱狂《ねっきょう》されること」のどれかにあてはまるにゃ。

応援《おうえん》して
にゃ！

オタネコ、**なんだかどれも大変《たいへん》な気《き》がする**んだけど、気《き》のせいにゃ？

気《き》のせいじゃないにゃ。**どんな仕事《しごと》を選《えら》んでも、お金《かね》を稼《かせ》ぐってとっても大変《たいへん》なことにゃ！**

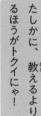

大人《おとな》も知《し》らない!? お金《かね》のマメ知識《ちしき》にゃ。

仕事《しごと》って一度《いちど》決《き》めたら変《か》えられないにゃ？

会社《かいしゃ》の平均《へいきん》寿命《じゅみょう》は約《やく》24年《ねん》。誰《だれ》もが転職《てんしょく》をする時代《じだい》にゃ！

世《よ》の中《なか》にある会社《かいしゃ》ができてからなくなるまでの期間《きかん》は、平均約《へいきんやく》24年《ねん》にゃ。学校《がっこう》を出《で》てから60歳《さい》まで働《はたら》くとだいたい40年《ねん》になるから、ひとつの会社《かいしゃ》に勤《つと》め続《つづ》ける人《ひと》はそんなに多《おお》くない時代《じだい》になってきたにゃ！

サラリーマンから魔王《まおう》に転職《てんしょく》したにゃ。

アルバイトと正社員《せいしゃいん》って、何《なに》がちがうにゃ？

いろいろちがうけど、働《はたら》く期間《きかん》に期限《きげん》があるかないかが大《おお》きなちがいにゃ！

ちがうことはたくさんあるけれど、「いつまで働《はたら》く（雇《やと》う）」という期限《きげん》がはっきり決《き》まっているのがアルバイトで、正社員《せいしゃいん》の契約《けいやく》には期限《きげん》がない場合《ばあい》がほとんどにゃ。アルバイトは働《はたら》く時間《じかん》などを自分《じぶん》の都合《つごう》で決《き》めやすいけれど、長《なが》く働《はたら》けるかどうかはわからない不安定《ふあんてい》さもあるにゃ。

働《はたら》く人《ひと》の給料《きゅうりょう》は、最低金額《さいていきんがく》が決《き》められているにゃ！

働《はたら》く人《ひと》の生活《せいかつ》を守《まも》るために、お給料《きゅうりょう》をこれ以上安《いじょうやす》くしてはいけないという金額《きんがく》が決《き》められているにゃ。都道府県《とどうふけん》によって金額《きんがく》がちがって、２０２２年（令和《れいわ》4年《ねん》）は1時《じ》間《かん》あたりのお給料《きゅうりょう》は853円《えん》（青森《あおもり》県《けん》など）から１０７２円《えん》（東京《とうきょう》都《と》）以上《いじょう》でないといけないにゃ！

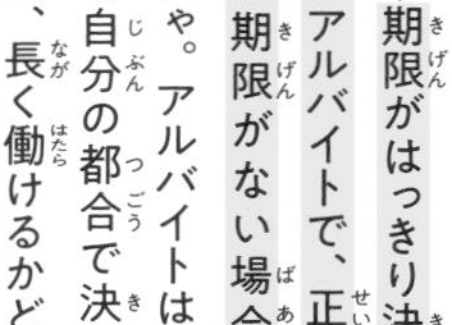

恋《こい》の矢《や》を射《い》るバイト、時給《じきゅう》950円《えん》にゃ！

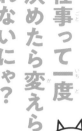

ふりかえりクイズ

全問《ぜんもん》正解《せいかい》したら完全勝利《かんぜんしょうり》にゃ!　全部《ぜんぶ》まちがえたら…
7ページ前《まえ》から何度《なんど》でもやりなおせばいいにゃ。

Q1

下《した》の文《ぶん》は、お金《かね》をかせぐ代表的《だいひょうてき》な方法《ほうほう》3つを説明《せつめい》しているにゃ。□□に当《あ》てはまる言葉《ことば》は?

基本《きほん》

①商品《しょうひん》を作《つく》ったり仕入《しい》れたりして□□を売《う》る。

②自分《じぶん》の時間《じかん》や□□力《りょく》を売《う》って働《はたら》く。

③将来価値《しょうらいかち》が上《あ》がりそうなものに
お金《かね》を□□して増《ふ》やす。

Q2

投資《とうし》をすると、お金《かね》は増《ふ》える可能性《かのうせい》もあるけれど、逆《ぎゃく》に減《へ》ってしまう危険《きけん》もある。これ、ウソ?　ホント?

まあまあ

①ウソ　②ホント

Q3

働《はたら》く人《ひと》の給料《きゅうりょう》についての説明《せつめい》で、正《ただ》しいのはどっち?

激《げき》ムズ

①これ以上高《いじょうたか》くしてはいけないという、上限《じょうげん》の金《きん》額《がく》が決《き》められている。

②これ以上安《いじょうやす》くしてはいけないという、最低《さいてい》の金《きん》額《がく》が決《き》められている。

答《こた》え Q1①もの　②労働《ろうどう》　③投資《とうし》　**Q2**②　**Q3**②

ギモン 28

銀行《ぎんこう》にお金《かね》を預《あず》けると、ちょっと増《ふ》えるのはどうしてにゃ？

銀行《ぎんこう》に口座《こうざ》を作《つく》ったにゃ。
そしたら「利息《りそく》」って人《ひと》からお金《かね》が
振《ふ》り込《こ》まれてたにゃ！ なんていい人《ひと》にゃ！

それは人《ひと》の名前《なまえ》じゃないにゃ。

銀行《ぎんこう》は、
お金《かね》を預《あず》けてくれた人《ひと》へのお礼《れい》に
「利息《りそく》」としてお金《かね》を返《かえ》してくれるにゃ！

どのくらいの割合《わりあい》でお金《かね》が増《ふ》えるか、銀行《ぎんこう》が決《き》める数字《すうじ》。

1年間預《ねんかんあず》けていると増《ふ》える金額《きんがく》。

銀行《ぎんこう》に預《あず》けるお金《かね》 × 金利《きんり》 = 利息《りそく》

ちょっとだけ増《ふ》えたにゃ。

10万円《まんえん》 × 0.001%《パーセント》 = 1円《えん》

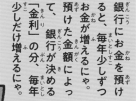

銀行《ぎんこう》にお金《かね》を預《あず》けると、毎年《まいとし》少《すこ》しずつお金《かね》が増《ふ》えるにゃ。預《あず》けた金額《きんがく》によって、銀行《ぎんこう》が決《き》める「金利《きんり》」の分《ぶん》、毎年《まいとし》少《すこ》しだけ増《ふ》えるにゃ。

銀行《ぎんこう》は、預《あず》かっているお金《かね》を会社《かいしゃ》などに貸《か》して利子《りし》をかせぐにゃ。そしてその一部《いちぶ》を、利息《りそく》としてお金《かね》を預《あず》けている人《ひと》に配《くば》るにゃ。

銀行《ぎんこう》に預《あず》けたお金《かね》は、ただしまっておかれるだけじゃないにゃ。

まさか…。お金《かね》でいっぱいにしたプールで泳《およ》いだりできるにゃ!?

映画《えいが》でよく見《み》るやつにゃ！

そんな映画《えいが》見《み》たことないけどにゃ…。

預《あず》けていると、少《すこ》しずつだけどお金《かね》が増《ふ》えるにゃ。

ええっ!? 何《なに》もしてないのに、勝手《かって》に増《ふ》えるにゃ!?

何《なに》もしてないわけじゃなくて、銀行《ぎんこう》は預《あず》かったお金《かね》をいろんな会社《かいしゃ》などに貸《か》しているにゃ。

お金《かね》を貸《か》すと、返《かえ》ってくるときに増《ふ》えるものがあったのを覚《おぼ》えてるにゃ？

もちろん覚《おぼ》えてるにゃ！リスにゃ！

おしい、利子《りし》にゃ。

利子《りし》ってつまり、お金《かね》を借《か》りた人《ひと》が**「お金《かね》を借《か》りたお礼《れい》」**に払《はら》うお金《かね》にゃ？銀行《ぎんこう》はそれを集《あつ》めて…。

利息《りそく》、つまり**「お金《かね》を預《あず》けてくれたお礼《れい》」**として、お金《かね》を預《あず》けている人《ひと》に配《くば》るってわけにゃ！

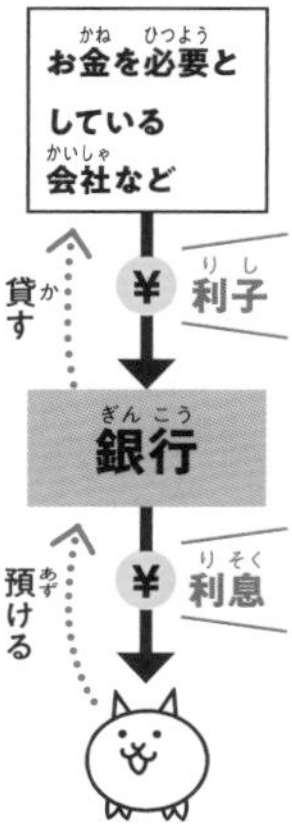

お金《かね》を必要《ひつよう》としている会社《かいしゃ》など
貸《か》す
利子《りし》
銀行《ぎんこう》
預《あず》ける
利息《りそく》

どのくらい増《ふ》えるにゃ？

どのくらいの割合《わりあい》で増《ふ》えるかを決《き》めた数字《すうじ》の「金利《きんり》」は銀行《ぎんこう》が決《き》めるにゃ。金利《きんり》が「0.001%《パーセント》」なら、10万《まん》円《えん》を1年間《ねんかん》預《あず》けていると1円《えん》もらえるにゃ。

思《おも》ったより少《すく》ないにゃ…。

ま、そんなにうまい話《はなし》はないものにゃ。

①**お金《かね》を預《あず》かること（預金《よきん》）**、②**お金《かね》を貸《か》すこと（貸付《かしつけ》）**、そしてもうひとつ、振込《ふりこみ》など③**現金《げんきん》を使《つか》わないお金《かね》のやりとりをすること（為替《かわせ》）**が銀行《ぎんこう》のおもな3つの仕事《しごと》にゃ。

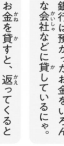

大人《おとな》も知《し》らない!? お金《かね》のマメ知識《ちしき》にゃ。

銀行《ぎんこう》ってつぶれることはないにゃ?

過去《かこ》に180もの金融《きんゆう》機関《きかん》が一気《いっき》につぶれたことがあるにゃ!

銀行《ぎんこう》がつぶれると経済《けいざい》が混乱《こんらん》してしまうので、もしつぶれそうになったら国《くに》が税金《ぜいきん》を使《つか》って助《たす》けてくれる可能性《かのうせい》が高《たか》いにゃ。でも、今《いま》から20年《ねん》ほど前《まえ》、「平成金融危機《へいせいきんゆうきき》」と呼《よ》ばれる大混乱《だいこんらん》が起《お》きたことがあるにゃ。そのときは180もの金融機関《きんゆうきかん》がつぶれてしまったにゃ!

大臣《だいじん》の「言《い》いまちがい」が原因《げんいん》でつぶれたことがあるにゃ!

約《やく》100年前《ねんまえ》の昭和初期《しょうわしょき》、当時《とうじ》の大臣《だいじん》が**「本日《ほんじつ》、東京渡辺銀行《とうきょうわたなべぎんこう》が破綻《はたん》しました」**と言《い》ったにゃ。でも実《じつ》はこれ、まちがった情報《じょうほう》だったにゃ。この発言《はつげん》を聞《き》いた市民《しみん》が東京渡辺《とうきょうわたなべ》銀行《ぎんこう》に殺到《さっとう》して貯金《ちょきん》を引《ひ》き出《だ》したにゃ。その結果《けっか》、東京渡辺銀行《とうきょうわたなべぎんこう》は本当《ほんとう》につぶれてしまったにゃ!

うっかりミスが命《いのち》取《と》りにゃ…。

女子高生《じょしこうせい》の冗談《じょうだん》が原因《げんいん》でつぶれそうになったこともあるにゃ!

約《やく》50年前《ねんまえ》の1973年《ねん》(昭和《しょうわ》48年《ねん》)、豊川信用金庫《とよかわしんようきんこ》という金融機《きんゆうき》関《かん》に就職《しゅうしょく》が決《き》まった女子高生《じょしこうせい》が、電車《でんしゃ》のなかで友達《ともだち》に**「信用金庫《しんようきんこ》は(強盗《ごうとう》とか来《き》そうで)危《あぶ》ない」**と冗談《じょうだん》を言《い》われたにゃ。言《い》われた女子高生《じょしこうせい》が**「(つぶれそうで)危《あぶ》ない」という意味《いみ》だと勘《かん》違《ちが》い**して親戚《しんせき》に相談《そうだん》したことがきっかけで「豊川信用金庫《とよかわしんようきんこ》がつぶれそう」という噂《うわさ》が広《ひろ》まり、預金《よきん》をおろす人々《ひとびと》が殺到《さっとう》して破綻寸《はたんすん》前《ぜん》の大混乱《だいこんらん》になった事件《じけん》があるにゃ!

ふりかえりクイズ

全問正解《ぜんもんせいかい》したら完全勝利《かんぜんしょうり》にゃ!　全部《ぜんぶ》まちがえたら…
3ページ前《まえ》から何度《なんど》でもやりなおせばいいにゃ。

Q1

銀行《ぎんこう》にお金《かね》を預《あず》けていると、お金《かね》に利息《りそく》がつく。これってどういう意味《いみ》?

基本《きほん》

①貯金《ちょきん》が少《すこ》しずつ増《ふ》える。
②貯金《ちょきん》が少《すこ》しずつ減《へ》る。
③貯金《ちょきん》は変《か》わらないが、商品券《しょうひんけん》に交換《こうかん》できるポイントが貯《た》まる。

Q2

銀行《ぎんこう》がしているおもな3つの仕事《しごと》について、□□に当《あ》てはまる言葉《ことば》は何《なに》?

基本《きほん》

お金《かね》を預《あず》かる・お金《かね》を□□・為替《かわせ》をあつかう

Q3

ネコがまとめた勉強《べんきょう》ノートの①～③に入《はい》るのは、(　　)の中《なか》のどの言葉《ことば》?

激《げき》ムズ

銀行《ぎんこう》は…

- **お金《かね》を会社《かいしゃ》などに貸《か》して①□□をかせぐ。**
- **もうけたお金《かね》の一部《いちぶ》を②□□として、お金《かね》を預《あず》けてくれた人《ひと》に配《くば》る。**
- **預《あず》けたお金《かね》がどれくらいの割合《わりあい》で増《ふ》えるかを決《き》めた数字《すうじ》を③□□という。**

(利子《りし》・利息《りそく》・金利《きんり》)　※それぞれ1回《かい》ずつ使《つか》うにゃ。

答《こた》え Q1①　Q2貸《か》す　Q3①利子《りし》　②利息《りそく》　③金利《きんり》

ギモン 29

持《も》っているお金《かね》全部《ぜんぶ》、ずーっと銀行《ぎんこう》に預《あず》けておけばいいにゃ？

銀行《ぎんこう》に預《あず》けて貯金《ちょきん》しておけば乾燥《かんそう》ワカメみたいに増《ふ》えるにゃ？

貯金《ちょきん》しても、乾燥《かんそう》ワカメほどは増《ふ》えないにゃ、残念《ざんねん》ながら。

無駄遣《むだづか》いせず貯金《ちょきん》することは大切《たいせつ》。でも貯金《ちょきん》だけでは、お金《かね》自体《じたい》の価値《かち》が下《さ》がる危険《きけん》もあるにゃ！

もしも10年後《ねんご》、物価《ぶっか》が2倍《ばい》になっていたら…

今《いま》
10年後《ねんご》
10万円《まんえん》
物価《ぶっか》が2倍《ばい》に！
20万円《まんえん》
▲虹《にじ》マタタビ
買《か》えるにゃ。
10万円《まんえん》
銀行
銀行《ぎんこう》に預《あず》けているだけだと…
買《か》えなくなったにゃ！
10万円《まんえん》
+10円《えん》
銀行
利息《りそく》はほんの少《すこ》しだけ！

銀行《ぎんこう》に預《あず》けたお金《かね》は、預《あず》けたときから金額《きんがく》があまり変《か》わらないにゃ。もし世《よ》の中《なか》の物価《ぶっか》が上《あ》がったら、買《か》えるものが少《すく》なくなって財産《ざいさん》の価値《かち》が下《さ》がってしまう危険《きけん》があるにゃ。

「今《いま》」のお金《かね》を保管《ほかん》するには安心《あんしん》だけど、「未来《みらい》」の変化《へんか》にはついていけないにゃ。

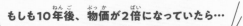

とりあえず、銀行《ぎんこう》に貯金《ちょきん》しておけば安心《あんしん》にゃ？　ちょっとずつだけど利息《りそく》で増《ふ》えるし。

千里《せんり》の道《みち》も一歩《いっぽ》から…利息《りそく》でいつか億万長者《おくまんちょうじゃ》になるにゃ！

ホントに1000年《ねん》くらいかかりそうにゃ…。

利息《りそく》だけでお金《かね》を増《ふ》やそうとするのはあんまり効果《こうか》がないにゃ。

今《いま》あるお金《かね》が減《へ》らなければ、とりあえずよしとするにゃ。

欲張《よくば》りすぎると残念《ざんねん》な感《かん》じになる、これ昔話《むかしばなし》のテッパン法則《ほうそく》にゃ。

確《たし》かに金額《きんがく》は減《へ》らないけど、**貯金《ちょきん》だって価値《かち》が下《さ》がる危険《きけん》はある**にゃ！

昔《むかし》と比《くら》べて今《いま》は物価《ぶっか》が上《あ》がっている話《はなし》をしたにゃ。もし、これから先《さき》も物価《ぶっか》が上《あ》がっていくとしたら、貯金《ちょきん》はどうなると思《おも》うにゃ？

どうって、別《べつ》に貯金《ちょきん》は変《か》わらないにゃ。今《いま》までどおり、じわじわ増《ふ》えるにゃ！

そうにゃ。そうすると、**物価《ぶっか》は上《あ》がって品物《しなもの》がすごく高《たか》くなったのに、貯金《ちょきん》の金額《きんがく》はほぼ変《か》わらないから、買《か》えるものが減《へ》ってしまう**にゃ。

それってつまり…？

持《も》っているお金《かね》の価値《かち》が下《さ》がるってことにゃ！

何《なに》もしてないのに、勝手《かって》に価値《かち》が下《さ》がっていっちゃうってことにゃ!?　そんなの困《こま》るにゃ！

お金《かね》の世界《せかい》では、**何《なに》もしないことがお金《かね》の価値《かち》を下《さ》げる危険《きけん》につながることもある**にゃ。

自分《じぶん》のお金《かね》も、物価《ぶっか》に負《ま》けないくらい増《ふ》やしていけるのがベストってことにゃ…！

攻撃《こうげき》が最大《さいだい》の防御《ぼうぎょ》にゃ！

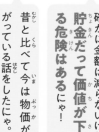

大人《おとな》も知《し》らない!? お金《かね》のマメ知識《ちしき》にゃ。

もし銀行《ぎんこう》がつぶれたら預《あず》けたお金《かね》はどうなるにゃ？

1000万円《まんえん》までは返《かえ》ってくるにゃ！

銀行《ぎんこう》は、万《まん》が一《いち》つぶれたときのために「預金保険機構《よきんほけんきこう》」というところの保険《ほけん》に入《はい》っているにゃ。その保険《ほけん》で、ひとつの金融機関《きんゆうきかん》につきひとり当《あ》たり1000万円《まんえん》までの預金《よきん》とその利息《りそく》が返《かえ》ってくるにゃ。これを「ペイオフ」っていうにゃ。

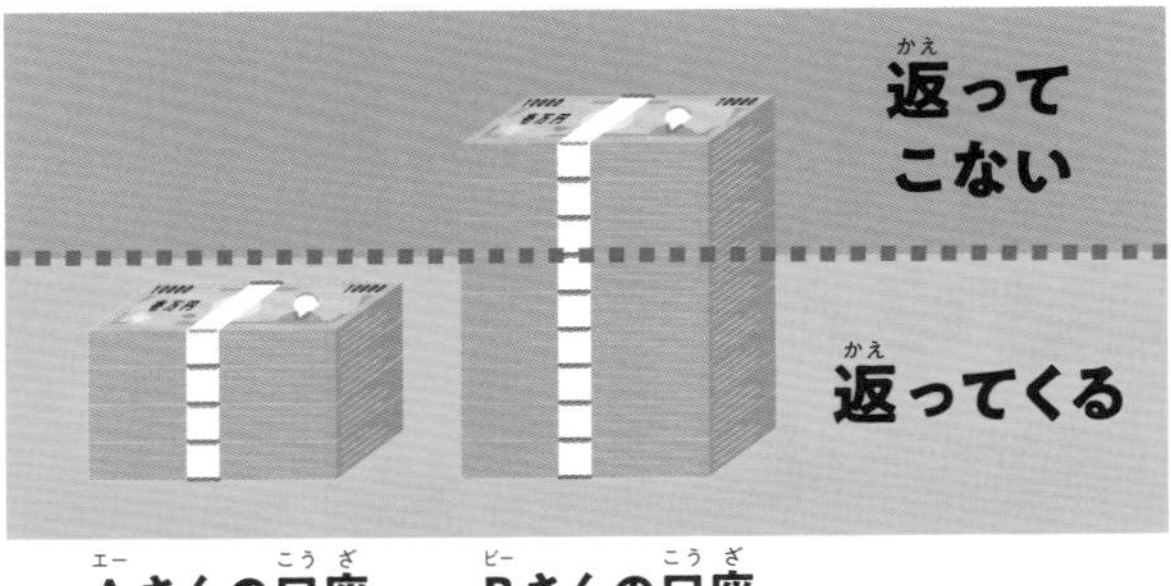
1,000
万円《まんえん》
返《かえ》ってこない
返《かえ》ってくる
A《エー》さんの口座《こうざ》
B《ビー》さんの口座《こうざ》

いつか、貯金《ちょきん》が1,000万円《まんえん》以上《いじょう》になったら気《き》をつけるにゃ。

現金《げんきん》を家《いえ》にしまっておく「タンス貯金《ちょきん》」はいいことナシにゃ。

お金《かね》を銀行《ぎんこう》に預《あず》けず、たくさんの現金《げんきん》を家《いえ》に置《お》いておく「タンス貯金《ちょきん》」は、利息《りそく》がまったくつかないし、盗《ぬす》まれたりなくしたりする危険《きけん》もあって、いいことが全《まった》くないにゃ。銀行《ぎんこう》に預《あず》けておけば、そのお金《かね》は誰《だれ》かに貸《か》し付《つ》けられたりして世《よ》の中《なか》を流《なが》れるけど、タンス貯金《ちょきん》をするとお金《かね》の流《なが》れを止《と》めることにもなるにゃ！

タンスにしまうのは服《ふく》だけがオススメにゃ。

ふりかえりクイズ

全問正解《ぜんもんせいかい》したら完全勝利《かんぜんしょうり》にゃ!　全部《ぜんぶ》まちがえたら…
3ページ前《まえ》から何度《なんど》でもやりなおせばいいにゃ。

Q1

銀行《ぎんこう》にお金《かね》を預《あず》けるとどんないいことがある?

基本《きほん》

①物価《ぶっか》が上《あ》がる・下《さ》がることに合《あ》わせて、金額《きんがく》が増《ふ》えたり減《へ》ったりする。

②お金《かね》を盗《ぬす》まれたりする危険《きけん》が少《すく》ない。

Q2

銀行《ぎんこう》にお金《かね》を預《あず》けるとどんな悪《わる》いことがある?
すべて選《えら》ぼう。

基本《きほん》

①長《なが》い間《あいだ》預《あず》けていると、少《すこ》しずつ金額《きんがく》が減《へ》っていく。

②銀行《ぎんこう》がつぶれると、1,000万円《まんえん》までの預金《よきん》とその利息《りそく》しか返《かえ》ってこない。

③物価《ぶっか》が上《あ》がると、預《あず》けているお金《かね》の価値《かち》が下《さ》がってしまう。

Q3

銀行《ぎんこう》が万《まん》が一《いち》つぶれたとき、1,000万円《まんえん》までの預金《よきん》とその利息《りそく》が支払《しはら》われることを何《なん》という?

激《げき》ムズ

□□□□

答《こた》え Q1②　**Q2**②③　**Q3**ペイオフ

株式会社《かぶしきがいしゃ》ってなんにゃ？

「株式会社《かぶしきがいしゃ》なんとか」っていう会社《かいしゃ》がたくさんあるにゃ。
まさかぜんぶ社長《しゃちょう》がきょうだいにゃ？

株式会社《かぶしきがいしゃ》は日本《にほん》だけでも100万社《まんしゃ》以上《いじょう》あるにゃ。
100万人《まんにん》きょうだいはちょっと大家族《だいかぞく》すぎにゃ。

いろんな人《ひと》からお金《かね》を集《あつ》めて作《つく》られた会社《かいしゃ》のことにゃ！

株式会社《かぶしきがいしゃ》のしくみ

みんなから集《あつ》めた
お金《かね》で商売《しょうばい》してくるにゃー！
株式会社《かぶしきがいしゃ》
がんばってにゃー！
任《まか》せたにゃ！
株主《かぶぬし》
商売大成功《しょうばいだいせいこう》！ お金《かね》を
たくさん増《ふ》やしたにゃー！
よくやったにゃー！
山分《やまわ》けするにゃ！
株式会社《かぶしきがいしゃ》

会社《かいしゃ》を動《うご》かすのには最初《さいしょ》にたくさんのお金《かね》が必要《ひつよう》にゃ。株《かぶ》を売《う》ってそのお金《かね》を集《あつ》めたのが株式会社《かぶしきがいしゃ》。お金《かね》を出《だ》した株主《かぶぬし》は、会社《かいしゃ》の持《も》ち主《ぬし》でもあるにゃ。

お金《かね》を出《だ》して株《かぶ》を買《か》った人《ひと》のことを株主《かぶぬし》というにゃ。

お金《かね》持《も》ちといえば社長《しゃちょう》にゃ。社長《しゃちょう》になろうと思《おも》うにゃ。

会社《かいしゃ》を作《つく》るってことにゃ？ 会社《かいしゃ》を作《つく》って商売《しょうばい》をするには、**最初《さいしょ》に必要《ひつよう》になるもの**があるにゃ。

やる気《き》…かにゃ。
たしかにそれはなきゃ始《はじ》まらないにゃ。

商売《しょうばい》を始《はじ》めるにはまず、**商品《しょうひん》の材料《ざいりょう》を買《か》ったり人《ひと》を雇《やと》ったりするお金《かね》がたくさん必要《ひつよう》**にゃ。

まだ何《なに》も売《う》ってないのに、そんなお金《かね》ないにゃ！

そういうときは、**お金《かね》をいろんな人《ひと》から集《あつ》める方法《ほうほう》**があるにゃ。

一人《ひとり》ひとりは少《すく》ない金額《きんがく》でもたくさんの人《ひと》から集《あつ》めれば大金《たいきん》になるにゃ。それを元《もと》にして商売《しょうばい》するにゃ。

その人《ひと》たちはどうしてお金《かね》を出《だ》してくれるにゃ？ まだ商売《しょうばい》してないのに…。

天使《てんし》のような人《ひと》たちにゃ。
株主《かぶぬし》っていうにゃ。

商売《しょうばい》がうまくいってもうけが出《で》たら、**お金《かね》を出《だ》した人《ひと》たちで山分《やまわ》け**ができるにゃ！

なるほどにゃ！ それならお金《かね》を出《だ》してくれそうにゃ！

お金《かね》を出《だ》した人《ひと》はその会社《かいしゃ》の**株主《かぶぬし》**になるにゃ。そうやっていろんな人《ひと》からお金《かね》を集《あつ》めて作《つく》った会社《かいしゃ》を**株式会社《かぶしきがいしゃ》**っていうにゃ。

じゃあ、吾輩《わがはい》が作《つく》る会社《かいしゃ》の名《な》前《まえ》は「**株式会社《かぶしきがいしゃ》ネコカン大《だい》好《す》き**」にするにゃ！

…どんな商売《しょうばい》をする会社《かいしゃ》にゃ？

それはまったく考《かんが》えてないにゃ！
堂々《どうどう》とした無計画《むけいかく》にゃ。

商売《しょうばい》がうまくいかなくて会社《かいしゃ》がつぶれたりすると、株《かぶ》の価値《かち》がなくなる可能性《かのうせい》もあるにゃ。
そうならないように、世《よ》の中《なか》の会社《かいしゃ》はみんながんばって商《しょう》売《ばい》をしているにゃ！

大人《おとな》も知《し》らない!? お金《かね》のマメ知識《ちしき》にゃ。

株主《かぶぬし》は会社《かいしゃ》のカゲの持《も》ち主《ぬし》にゃ！

株《かぶ》=会社《かいしゃ》の一部《いちぶ》。会社《かいしゃ》にお金《かね》を渡《わた》して株《かぶ》を買《か》うということは、その会社《かいしゃ》の一部《いちぶ》を買《か》うということ、つまり会社《かいしゃ》の持《も》ち主《ぬし》のひとりになれるということにゃ。

だから、もうけがたくさん出《で》たら分《わ》けてもらう権利《けんり》があるし、会《かい》社《しゃ》の大事《だいじ》なことを決《き》めるときに意見《いけん》を言《い》うこともできるにゃ。その会社《かいしゃ》の株《かぶ》を持《も》っている人《ひと》たちが集《あつ》まって、経営《けいえい》のしかたなどを話《はな》し合《あ》う株主総会《かぶぬしそうかい》という会議《かいぎ》が開《ひら》かれるので、そこで意見《いけん》を言《い》えるにゃ。

大事《だいじ》な決定《けってい》のカゲには必《かなら》ず株主《かぶぬし》の意見《いけん》あり、にゃ。

株主《かぶ ぬし》と社長《しゃ ちょう》、どっちがえらいにゃ？

会社《かいしゃ》の経営《けいえい》のトップは社長《しゃちょう》。でも、株主《かぶぬし》は社長《しゃちょう》をクビにもできるにゃ。

会社《かいしゃ》をどんなふうに経営《けいえい》するか決《き》めるのは社長《しゃちょう》で、その会社《かいしゃ》の社員《しゃいん》のなかでいちばん偉《えら》い人《ひと》にゃ。株主《かぶぬし》は、会社《かいしゃ》の持《も》ち主《ぬし》なので、「誰《だれ》に経営《けいえい》を任《まか》せるか」を決《き》める権《けん》利《り》、つまり社長《しゃちょう》を誰《だれ》にするか決《き》めたりクビにしたりする力《ちから》があるにゃ！

誰《だれ》でも買《か》えるのは「上場《じょうじょう》」している会社《かいしゃ》の株《かぶ》だけにゃ！

株式会社《かぶしきがいしゃ》の株《かぶ》は何《なん》でも自由《じゆう》に買《か》えるわけじゃないにゃ。さまざまな条件《じょうけん》をクリアして株《かぶ》を世《よ》の中《なか》に売《う》り出《だ》している会社《かいしゃ》のものだけ、誰《だれ》でも自由《じゆう》に売《う》り買《か》いできるにゃ。

世《よ》の中《なか》に株《かぶ》を売《う》り出《だ》している会《かい》社《しゃ》を上場会社《じょうじょうがいしゃ》（企業《きぎょう》）というにゃ。上場会社《じょうじょうがいしゃ》は経営状況《けいえいじょうきょう》などを公開《こうかい》していて、株《かぶ》の取引《とりひき》が公正《こうせい》にできるようになっているにゃ！

株《かぶ》の取引《とりひき》をする市《し》場《じょう》という舞台《ぶたい》に上《あ》がるから、「上場《じょうじょう》」！

ふりかえりクイズ

全問正解《ぜんもんせいかい》したら完全勝利《かんぜんしょうり》にゃ！　全部《ぜんぶ》まちがえたら…
3ページ前《まえ》から何度《なんど》でもやりなおせばいいにゃ。

Q1

基本《きほん》

株《かぶ》を売《う》ってお金《かね》を集《あつ》めて作《つく》った会社《かいしゃ》のことを何《なん》という？

□□会社《がいしゃ》

Q2

基本《きほん》

株《かぶ》を買《か》った人《ひと》のことを、その会社《かいしゃ》の何《なん》という？

□□

Q3

まあまあ

株《かぶ》を買《か》うと、その会社《かいしゃ》でできるようになることとして当《あ》てはまるのは？

①株《かぶ》の値段《ねだん》を決《き》めて、好《す》きな値段《ねだん》で売《う》れるようになる。
②株主総会《かぶぬしそうかい》などで、会社《かいしゃ》の経営《けいえい》の仕方《しかた》に意見《いけん》が言《い》える。
③その会社《かいしゃ》から、社員《しゃいん》としてお給料《きゅうりょう》をもらえる。

Q4

激《げき》ムズ

株式会社《かぶしきがいしゃ》のうち、株《かぶ》を誰《だれ》でも売《う》り買《か》いできるように公開《こうかい》している会社《かいしゃ》のことを何《なん》という？

□□会社《がいしゃ》（企業《きぎょう》）

答《こた》え **Q1**株式《かぶしき》　**Q2**株主《かぶぬし》　**Q3**②　**Q4**上場《じょうじょう》

ギモン 31

株《かぶ》を買《か》うと、どんないいことがあるにゃ？

株《かぶ》を買《か》っていっぱい集《あつ》めると、
願《ねが》いが叶《かな》ったりするにゃ？

そういうファンタジーな力《ちから》はないにゃ。
でも、未来《みらい》の自分《じぶん》のための投資《とうし》になるにゃ！

お金《かね》や商品《しょうひん》をもらえたり、株《かぶ》の売《う》り買《か》いでお金《かね》を増《ふ》やせるにゃ。！

株《かぶ》を持《も》っていると…

株主《かぶぬし》

会社《かいしゃ》のもうけの一部《いちぶ》や、
商品《しょうひん》・サービスなどを
受《う》け取《と》れる。

うちの
会社《かいしゃ》の商品《しょうひん》を
プレゼントにゃ！

株《かぶ》を買《か》ったり
売《う》ったりすることで
お金《かね》を増《ふ》やせる。

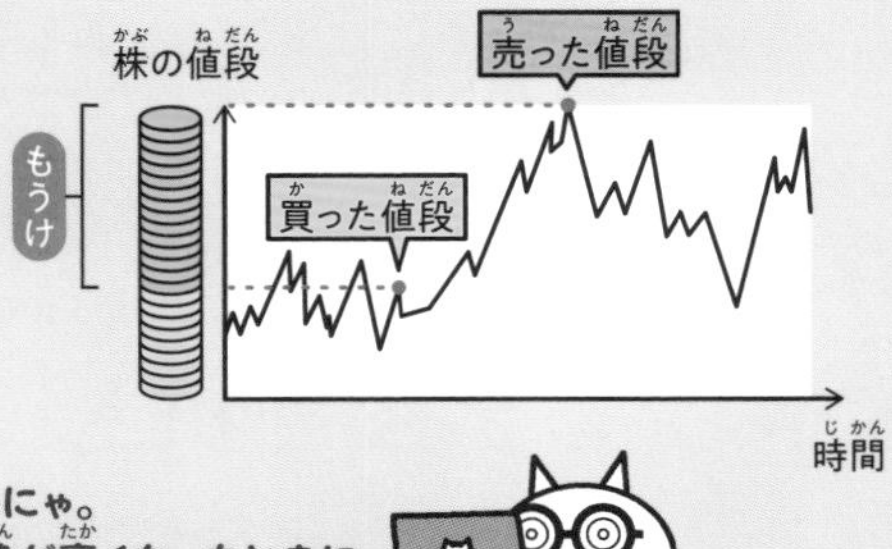

株《かぶ》の値段《ねだん》は常《つね》に変《か》わるにゃ。
安《やす》いときに買《か》って、値段《ねだん》が高《たか》くなったときに
売《う》れば、お金《かね》を増《ふ》やせるにゃ。

株《かぶ》ってなんとなくいいものな気《き》がしてきたにゃ。持《も》ってるといいことありそうにゃ。

お守《まも》りあつかいにゃ？ 株《かぶ》を持《も》っていると起《お》こるいいことは、まず**もらえるものがある**ってことにゃ。

もらえるものは何《なん》でも大好《だいす》きにゃ！ 何《なに》をくれるにゃ？

株《かぶ》を買《か》ったお礼《れい》として、**その会社《かいしゃ》の商品《しょうひん》やサービスなどをもらえることがある**にゃ。

占《うらな》い365回《かい》無料《むりょう》サービス券《けん》をプレゼントにゃ！
毎日占《まいにちうらな》っても1年《ねん》かかるにゃ！？

さらに、お金《かね》にゃ。**会社《かいしゃ》がお金《かね》を稼《かせ》いでもうけが出《で》たら、その一部《いちぶ》をもらえる**にゃ。

ええ!? 株《かぶ》を持《も》ってるだけでお金《かね》をもらえるにゃ!? 夢《ゆめ》のような話《はなし》にゃ…！

ただし…、**会社《かいしゃ》のもうけが出《で》ていなければお金《かね》はもらえないにゃ。**

現実《げんじつ》は甘《あま》くなかったにゃ…。

でも、株《かぶ》のいちばんのだいご味《み》は、**株《かぶ》そのものの値段《ねだん》が上《あ》がることでお金《かね》を増《ふ》やせること**にゃ！

どういうことにゃ？

自分《じぶん》が買《か》ったときよりも値段《ねだん》が高《たか》くなったときに株《かぶ》を売《う》れば、値段《ねだん》の差《さ》でもうけが出《で》るにゃ！

買《か》ったときより値段《ねだん》アップ！

買《か》ったとき
1株《かぶ》100円《えん》
↓
売《う》るとき
1株《かぶ》150円《えん》
＝
50円《えん》のもうけ！

未来《みらい》の可能性《かのうせい》にかけて株《かぶ》を買《か》う「**株式投資**《かぶしきとうし》」は、お金《かね》を増《ふ》やす方法《ほうほう》のひとつにゃ！

夢《ゆめ》のような話《はなし》にゃ…！ 投資《とうし》バンザイにゃ！

ただし…
そうくると思《おも》ったにゃ…

株《かぶ》の値段《ねだん》は下《さ》がる可能性《かのうせい》もあるにゃ。**買《か》ったときより財産《ざいさん》が減《へ》ってしまう危険《きけん》もあるのが投資《とうし》**にゃ！

現実《げんじつ》は甘《あま》くないにゃ…。でも、夢《ゆめ》があるのはたしかにゃ！

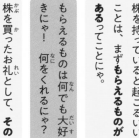

大人《おとな》も知《し》らない!? お金《かね》のマメ知識《ちしき》にゃ。

必《かなら》ずもうかる投資《とうし》ってあるにゃ？

投資《とうし》に「必《かなら》ず」はないにゃ。

どんな投資《とうし》でも、多《おお》かれ少《すく》なかれ損《そん》をする可能性《かのうせい》はあるし、お金《かね》を集《あつ》めるときはその危険《きけん》を説明《せつめい》しなければいけないと法律《ほうりつ》で決《き》まっているにゃ。それを隠《かく》して期待通《きたいどお》りのもうけが必《かなら》ずあるようにかんちがいさせたり、「絶対《ぜったい》もうかる」とウソを言《い》うのは法律《ほうりつ》違反《いはん》で、まちがいなく詐欺《さぎ》にゃ。世《よ》の中《なか》にそんなにうまい話《はなし》はないにゃ！

人生《じんせい》を豊《ゆた》かにするために「投資《とうし》」するのはお金《かね》だけじゃないにゃ。

お金《かね》だけでなく、時間《じかん》やエネルギーを未来《みらい》のために使《つか》うことも投資《とうし》と言《い》えるにゃ。今《いま》、目《め》の前《まえ》の楽《たの》しみや満足《まんぞく》のために使《つか》っておしまいにするのではなくて、未来《みらい》の自分《じぶん》にいいことがあるように使《つか》うにゃ。たとえば、将来医師《しょうらいいし》になるために今算数《いまさんすう》の勉強《べんきょう》に時間《じかん》とエネルギーを使《つか》うことも投資《とうし》にゃ。昼寝《ひるね》か勉強《べんきょう》か、自分《じぶん》にとっての投資《とうし》は何《なに》か考《かんが》えてみるといいにゃ。

今《いま》この本《ほん》を読《よ》んでいることも、りっぱな大人《おとな》になるための投資《とうし》にゃ！

ワインや絵《え》に「投資《とうし》」する人《ひと》もいるにゃ。

株《かぶ》でなくても、払《はら》った金額《きんがく》より将《しょう》来値段《らいねだん》が上《あ》がることを期待《きたい》してお金《かね》を使《つか》うことは、すべて投資《とうし》と言《い》えるにゃ。たとえば、古《ふる》いほうが値段《ねだん》の上《あ》がるワインを買《か》って何年《なんねん》も保存《ほぞん》したあと売《う》れば、買《か》ったときより値段《ねだん》が上《あ》がっていてもうけが出《で》るにゃ。ワインのほかにも絵《え》などの美術《びじゅつ》品《ひん》や宝石《ほうせき》など、高価《こうか》で時間《じかん》とともに値段《ねだん》の上《あ》がる可能性《かのうせい》のあるものは投資《とうし》として買《か》う人《ひと》も多《おお》いにゃ。

飲《の》まずにとっておかなきゃ意味《いみ》ないけどにゃ。

おうちの人《ひと》とチャレンジ！

やってみるとさらに大人《おとな》にゃ

おすすめワーク

1日《にち》の時間《じかん》の使《つか》い方《かた》を、「投資《とうし》」「消費《しょうひ》」「浪費《ろうひ》」「寄付《きふ》」に分類《ぶんるい》してみよう！

消費《しょうひ》
つまり、削《けず》れないもの

生活《せいかつ》に必《かなら》ず必要《ひつよう》なことをする時間《じかん》。食事《しょくじ》など

投資《とうし》

未来《みらい》の自分《じぶん》にいいことがあるように使《つか》う時間《じかん》。勉強《べんきょう》・習《なら》い事《ごと》・読書《どくしょ》など

浪費《ろうひ》
つまり、ムダづかい

特《とく》に目的《もくてき》もなく、何《なん》となく過《す》ごす時間《じかん》。昼寝《ひるね》、動画《どうが》を見《み》るなど

寄付《きふ》

誰《だれ》かほかの人《ひと》のために使《つか》う時間《じかん》。お手伝《てつだ》いなど

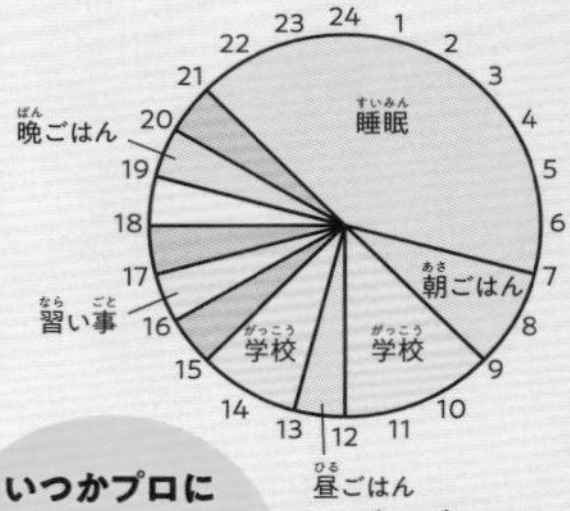

いつかプロになるための練習《れんしゅう》は「投資《とうし》」にゃ！

ここに気《き》づいてにゃ！

投資《とうし》は難《むずか》しそうで壁《かべ》を感《かん》じるかもしれないけど、実《じつ》は生活《せいかつ》のなかで「時間《じかん》の投資《とうし》」はしぜんとやっているにゃ。すぐには効果《こうか》が表《あらわ》れないし、目《め》の前《まえ》の楽《たの》しいことのほうが魅力的《みりょくてき》に見《み》えるかもしれないけれど、最終的《さいしゅうてき》により大《おお》きな「いいこと」を期待《きたい》できるのが投《とう》資《し》にゃ。お金《かね》も時間《じかん》も、なるべく「浪費《ろうひ》」を減《へ》らして「投資《とうし》」に使《つか》えるとかっこいいにゃ。

今《いま》のためだけでなく、未来《みらい》のためにお金《かね》や時間《じかん》を使《つか》う感覚《かんかく》をつかんでほしいにゃ！

お金《かね》も時間《じかん》も考《かんが》え方《かた》は同《おな》じ。「投資《とうし》」の感覚《かんかく》をつかむにゃ！

ギモン 32

投資《とうし》する会社《かいしゃ》って、どうやって選《えら》ぶにゃ？

みんな占《うらな》いとかで選《えら》んでるにゃ？

占《うらな》いの結果《けっか》だけで株《かぶ》を選《えら》ぶ人《ひと》はなかなかレアだと思《おも》うにゃ。

何《なに》を大切《たいせつ》にして選《えら》ぶかは人《ひと》それぞれにゃ。たとえば…！

お金《かね》をなるべく増《ふ》やしたいにゃ！

- 経営《けいえい》の調子《ちょうし》がいい会社《かいしゃ》
- 経済《けいざい》の調子《ちょうし》がいい国《くに》の会社《かいしゃ》
- これから成長《せいちょう》しそうな会社《かいしゃ》・業界《ぎょうかい》

…などを基準《きじゅん》にして選《えら》ぶにゃ。

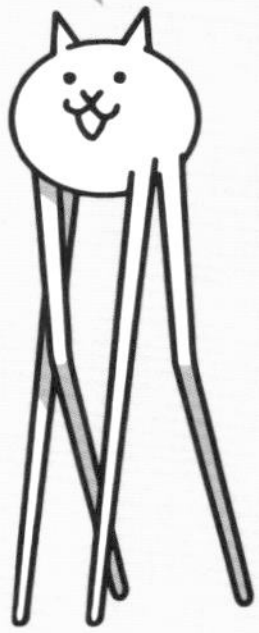

応援《おうえん》したい会社《かいしゃ》にお金《かね》を渡《わた》したいにゃ！

- 好《す》きな商品《しょうひん》、サービスの会社《かいしゃ》
- 社会《しゃかい》にいいことをしている会社《かいしゃ》
- 成長《せいちょう》してほしい会社《かいしゃ》・業界《ぎょうかい》

…などを基準《きじゅん》にして選《えら》ぶにゃ。

株《かぶ》を買《か》う会社《かいしゃ》を選《えら》ぶときの考《かんが》え方《かた》はいろいろあるにゃ。自《じ》分《ぶん》の未来《みらい》をどんなふうにしたいかを考《かんが》えて選《えら》ぶにゃ！

どの株《かぶ》を買《か》うかには十人《じゅうにん》十《と》色《いろ》の答《こた》えがあるにゃ！

オタネコ！株《かぶ》を買《か》うことに決《き》めたにゃ！

ついに決断《けつだん》したにゃ！で、どの株《かぶ》を買《か》うにゃ？

もちろん、あれにゃ。あの〜、あの株《かぶ》にゃ。

うんうん、どの株《かぶ》にゃ？

あの、あれにゃ。あの株《かぶ》。カブ…カブトガニ！

…本気《ほんき》で言《い》ってるにゃ？

ごめんにゃ。わからなすぎて苦《くる》し紛《まぎ》れに、つい。

たしかに、買《か》う株《かぶ》を選《えら》ぶのはちょっと難《むずか》しいかもしれないにゃ。

基本的《きほんてき》には、**その会社《かいしゃ》の調子《ちょうし》がどうか、これから成長《せいちょう》しそうかどうかを地道《じみち》に調《しら》べて考《かんが》えて選《えら》ぶ**にゃ。

正直《しょうじき》、手《て》がかりゼロで途方《とほう》にくれたにゃ。

そういうときはまず、**自分《じぶん》がその株《かぶ》を買《か》って何《なに》をしたいのか**を考《かんが》えてみるといいにゃ。

そりゃあ、お金持《かねも》ちになりたいにゃ！

さすが、わかりやすいにゃ。それなら、**「お金《かね》がなるべく増《ふ》えそうな株《かぶ》」**を選《えら》ぶにゃ。

それ、のどから手《て》が出《で》るほど知《し》りたいにゃ！

それ以上《いじょう》手《て》を増《ふ》やしてどうするつもりにゃ。

調子《ちょうし》がよくてもうけが増《ふ》えている会社《かいしゃ》や、経済《けいざい》が成長《せいちょう》している国《くに》の会社《かいしゃ》、これから成《せい》長《ちょう》しそうな会社《かいしゃ》や業界《ぎょうかい》を探《さが》すといいにゃ。

日々《ひび》のニュースを、投資《とうし》のことを考《かんが》えながら気《き》にしてみるといいかもにゃ。

なるほどにゃ。でも、「お金《かね》が増《ふ》えそう」以外《いがい》に選《えら》ぶ基準《きじゅん》なんてあるにゃ？

株《かぶ》を買《か》うというのは、**その会社《かいしゃ》を応援《おうえん》すること**でもあるにゃ。だから**「この会社《かいしゃ》を応《おう》援《えん》したい！」**って気持《きも》ちを基《き》準《じゅん》に選《えら》んだっていいにゃ！

その応援《おうえん》が、社会《しゃかい》を変《か》えちゃうかもしれないにゃ！

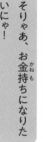

大人《おとな》も知《し》らない!? お金《かね》のマメ知識《ちしき》にゃ。

小学生《しょうがくせい》でも株式投資《かぶしきとうし》ってできるにゃ?

保護者《ほごしゃ》(親権者《しんけんしゃ》)といっしょならできるにゃ。

株《かぶ》を売《う》り買《か》いするには、証券会《しょうけんがい》社《しゃ》に口座《こうざ》を作《つく》らなければいけないにゃ。銀行《ぎんこう》に銀行口座《ぎんこうこうざ》があるように、証券会社《しょうけんがいしゃ》に証券口座《しょうけんこうざ》、にゃ。ほとんどの証券会社《しょうけんがいしゃ》では、保護《ほご》者《しゃ》といっしょに手続《てつづ》きすれば子《こ》どもでも「未成年口座《みせいねんこうざ》」というのを作《つく》れて、株《かぶ》の取引《とりひき》をすることができるにゃ!

保護者《ほごしゃ》、大活躍《だいかつやく》にゃ。

投資信託《とうししんたく》は「プロにおまかせ株《かぶ》つめあわせパック」にゃ。

投資《とうし》として買《か》えるものに、「投資《とうし》信託《しんたく》」という商品《しょうひん》があるにゃ。簡単《かんたん》に言《い》うと、株《かぶ》のプロである証券会社《しょうけんがいしゃ》がいろいろな株《かぶ》をつめあわせて作《つく》ったバラエティーパックみたいなものにゃ。ひとつの会社《かいしゃ》の株《かぶ》を買《か》うのではなくて、いろいろな株《かぶ》をいっぺんに買《か》うことができるから、どれかひとつの株《かぶ》が値下《ねさ》がりしてもほかでカバーできる可能性《かのうせい》が高《たか》いことがメリットにゃ!

いい感《かん》じにつめあわせたにゃ。

いくらあれば株《かぶ》が買《か》えるにゃ?

100円《えん》で買《か》える株《かぶ》もあるにゃ。

株《かぶ》の値段《ねだん》は会社《かいしゃ》の大《おお》きさや人気《にんき》によってさまざまで、1株《かぶ》100円以《えんい》下《か》で買《か》える株《かぶ》もあるにゃ。証券会《しょうけんがい》社《しゃ》によっては1株《かぶ》ずつ買《か》うこともできるし、「投資信託《とうししんたく》」なら100円《えん》から買《か》えるものもあるにゃ。まずは投資《とうし》の練習《れんしゅう》として、おためしで数百円分《すうひゃくえんぶん》の株《かぶ》を買《か》ってみるのもいいにゃ。

お菓子《かし》を買《か》うのを1回《かい》がまんすれば株《かぶ》が買《か》えるにゃ。

ふりかえりクイズ

全問正解《ぜんもんせいかい》したら完全勝利《かんぜんしょうり》にゃ！　全部《ぜんぶ》まちがえたら…
7ページ前《まえ》から何度《なんど》でもやりなおせばいいにゃ。

Q1

投資《とうし》のなかでも、「株《かぶ》」を買《か》ってその会社《かいしゃ》からもうけの一部《いちぶ》をもらったり、株《かぶ》の売《う》り買《か》いでもうけを出《だ》すことをめざす投資《とうし》といえば？

基本《きほん》

□□投資《とうし》

Q2

株《かぶ》を買《か》うときの選《えら》び方《かた》として、正《ただ》しいことを言《い》っているにゃんこは？　2体《たい》選《えら》ぼう。

まあまあ

②
その会社《かいしゃ》の経営状況《けいえいじょうきょう》を調《しら》べたり、これから成長《せいちょう》する可能性《かのうせい》があるかどうかを考《かんが》えて選《えら》ぶにゃ。

③
好《す》きな商品《しょうひん》を売《う》っている会社《かいしゃ》なので、応援《おうえん》の意味《いみ》を込《こ》めて選《えら》ぶにゃ。

①
どの会社《かいしゃ》の株《かぶ》を買《か》っても値上《ねあ》がりや値下《ねさ》がりの可能性《かのうせい》は同《おな》じなので、どれでもいいにゃ。

Q3

証券会社《しょうけんがいしゃ》がいろいろな株《かぶ》をつめあわせてパックにした投資《とうし》の商品《しょうひん》を何《なん》という？

激《げき》ムズ

投資《とうし》□□

答《こた》え　Q1 株式《かぶしき》　Q2 ②③　Q3 信託《しんたく》

ギモン 33

稼《かせ》いだお金《かね》も貯金《ちょきん》も、ぜ〜んぶ投資《とうし》に使《つか》えばいいにゃ?

たくさん投資《とうし》すれば、その分《ぶん》たくさん増《ふ》えるはずにゃ!

その可能性《かのうせい》はあるにゃ。でも、投資《とうし》には
損《そん》する可能性《かのうせい》があることも忘《わす》れちゃいけないにゃ。

未来《みらい》に何《なに》があるかは誰《だれ》にもわからないから、リスク（危険《きけん》）を分《わ》ける考《かんが》え方《かた》が大事《だいじ》にゃ!

たとえば、卵《たまご》をひとつのかごにぜんぶ入《い》れたら…

そのかごがひっくり返《かえ》ったらぜんぶ割《わ》れてしまうにゃ。

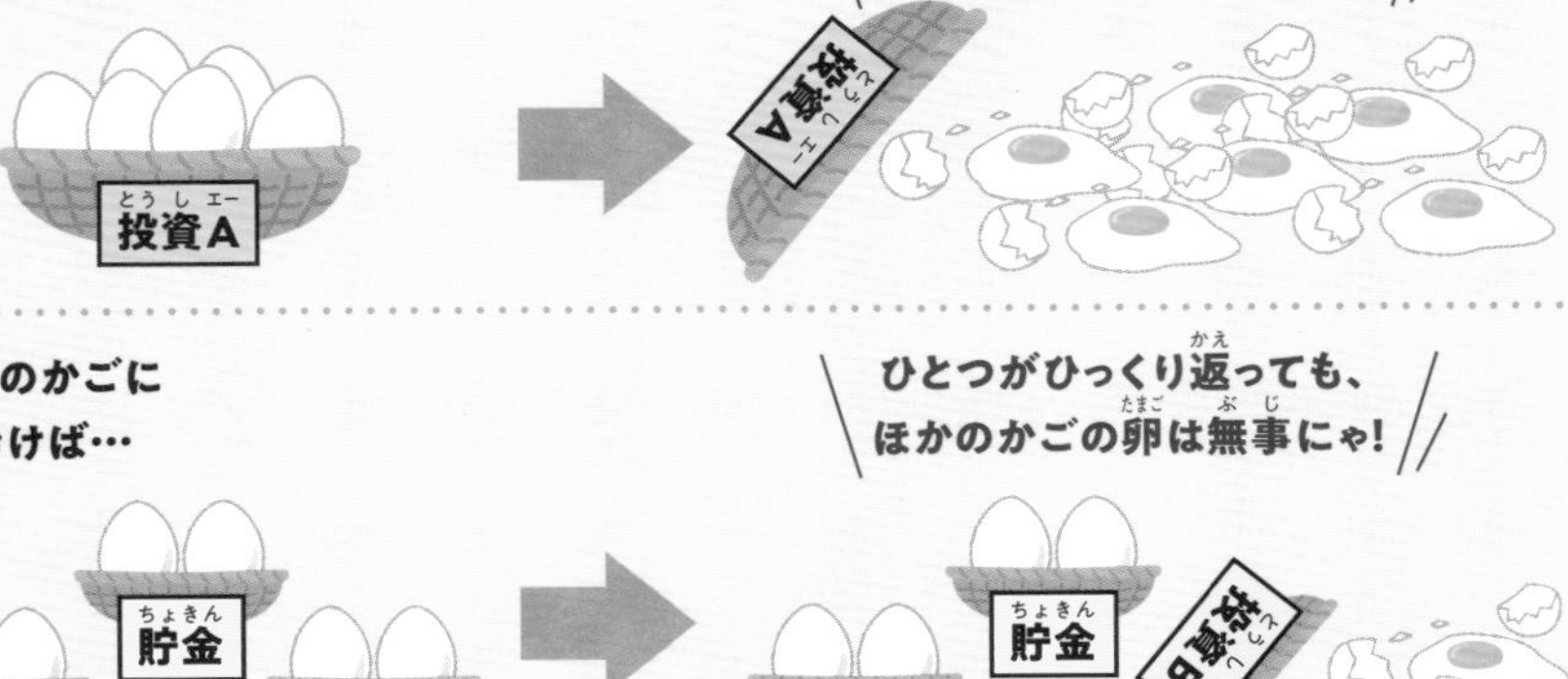

いくつかのかごに分《わ》けておけば…

ひとつがひっくり返《かえ》っても、ほかのかごの卵《たまご》は無事《ぶじ》にゃ!

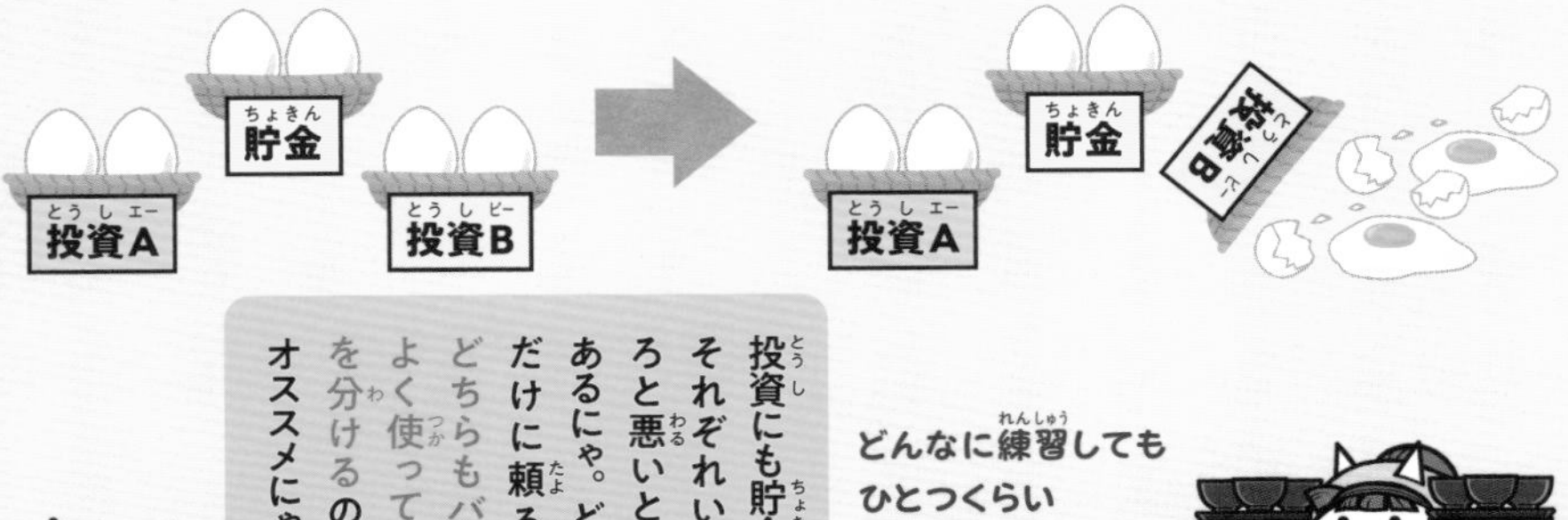

投資《とうし》にも貯金《ちょきん》にも、それぞれいいところと悪《わる》いところがあるにゃ。どちらかだけに頼《たよ》るより、どちらもバランスよく使《つか》ってリスクを分《わ》けるのがオススメにゃ!

どんなに練習《れんしゅう》してもひとつくらいこぼすことはある。それが人生《じんせい》というものにゃ。

今《いま》までの話《はなし》をまとめると、結《けっ》局《きょく》お金《かね》持《も》ちになりたければとにかくたっくさん投資《とうし》をしたほうがいいってことにゃ？

全財産使《ぜんざいさんつか》って一気《いっき》に株《かぶ》を買《か》うにゃ！

ちょっと待《ま》つにゃ！

投資《とうし》は大《おお》きなもうけも期待《きたい》できるけど、お金《かね》が減《へ》ってしまう危険《きけん》も大《おお》きいにゃ。

それじゃあ、やっぱり全部貯《ぜんぶちょ》金《きん》しておいたほうがいいにゃ？

貯金《ちょきん》は安心度《あんしんど》が高《たか》いけど、お金《かね》が増《ふ》える可能性《かのうせい》はとっても低《ひく》いにゃ。

結局《けっきょく》どうしたらいいにゃ!?

落《お》ち着《つ》いてほしいにゃ。

財産《ざいさん》を守《まも》ったり増《ふ》やしたりするのに、ぜったいに安全《あんぜん》で必《かなら》ず成功《せいこう》するカンペキな方《ほう》法《ほう》っていうのは…。

方法《ほうほう》っていうのは!?

ないにゃ。

ないにゃ!?

だからこそ、**どれかひとつにかたよらせないで、バランスをとることが大事《だいじ》**にゃ。

いろんなかたちで財産《ざいさん》を持《も》っておけば、もしどれかがうまくいかなくてもほかでカバーできる可能性《かのうせい》があるにゃ。

タイヤがひとつしかないとパンクしたら走《はし》れないにゃ。

3つあればほかでカバーできるにゃ！

バランスを考《かんが》えて…**何《なに》が起《お》きても戦《たたか》える、最強《さいきょう》の編成《へんせい》を考《かんが》えるのが大《たい》切《せつ》ってこと**にゃ！

未来《みらい》の自分《じぶん》のために! 最強《さいきょう》のお金作戦《かねさくせん》を考《かんが》えるにゃ!

おうちの人《ひと》とチャレンジ！

やってみるとさらに大人《おとな》にゃ

おすすめワーク

おこづかいのしくみを変《か》えて、投資《とうし》を体験《たいけん》してみよう！

おこづかいのもらい方《かた》・使《つか》い方《かた》に、投資《とうし》のしくみを取《と》り入《い》れて、投資《とうし》の考《かんが》え方《かた》を体験《たいけん》してみるにゃ！

初級編《しょきゅうへん》　「投資《とうし》」すると増《ふ》えるルールにする。

ルール

- もらったおこづかいのうち、「投資《とうし》」する分《ぶん》は親《おや》に返《かえ》す。
- 「投資《とうし》」したお金《かね》には、月《つき》1%《パーセント》の利息《りそく》が増《ふ》える。（次《つぎ》のおこづかい日《び》の前日《ぜんじつ》に、「投資《とうし》」している金額《きんがく》に利息《りそく》がつく）
- いくら「投資《とうし》」するかは、自分《じぶん》で決《き》める。

《たとえばおこづかいが500円《えん》なら…》

おこづかいの一部《いちぶ》を投資《とうし》すると決《き》める！

200円《えん》は投資《とうし》にまわすにゃ！

使《つか》う　300円《えん》
投資《とうし》　200円《えん》

あまった分《ぶん》だけ投資《とうし》することにする！

ひとまず必要《ひつよう》な分《ぶん》は使《つか》って、残《のこ》った分《ぶん》を投資《とうし》するにゃ。

使《つか》う　500円《えん》

～1か月後《げつご》～

利息《りそく》が2円《えん》増《ふ》えたにゃ！

投資《とうし》　200円《えん》 ＋ 2円《えん》（利息《りそく》1%《パーセント》！）

残《のこ》ったお金《かね》202円《えん》

結局《けっきょく》全部《ぜんぶ》使《つか》っちゃったにゃ…。

残《のこ》ったお金《かね》0円《えん》

上級編《じょうきゅうへん》　まとまった期間分《きかんぶん》のおこづかいを、自由《じゆう》に使《つか》う。

ルール

- 1年分《ねんぶん》のおこづかいを、まとめてもらう。
- その後《ご》は1年間《ねんかん》おこづかいなし。
- そのほかのルールは、初級編《しょきゅうへん》と同《おな》じ。

すぐ使《つか》うお金《かね》と
投資《とうし》するお金《かね》の
バランス…計画的《けいかくてき》に
考《かんが》えるのが大切《たいせつ》そうにゃ！

まとまった金額《きんがく》で、
本物《ほんもの》の株《かぶ》を買《か》って
投資《とうし》にチャレンジ
するのもアリにゃ！

ほかにも、投資体験《とうしたいけん》のできるおこづかいルールはいろいろあるにゃ。たとえば…

- **お年玉《としだま》だけ、初級編《しょきゅうへん》と同《おな》じ利息制《りそくせい》にする。**
- **奇数《きすう》の月《つき》はおこづかいをもらって利息制《りそくせい》にして、偶数《ぐうすう》の月《つき》はおこづかいなし。**

など!　ぜひいろいろ考《かんが》えて試《ため》してほしいにゃ。

ここに気《き》づいてにゃ！

「やらないとわからない、やってみるとよくわかる」のが投資《とうし》にゃ！

投資《とうし》はゲームと同《おな》じで、ルールブックばかりを読《よ》んでいてもよくわからないけど、実際《じっさい》にやってみるとしくみやルールがよくわかるものにゃ。

実際《じっさい》にやってみることで人《ひと》それぞれ、お金《かね》の使《つか》い方《かた》や考《かんが》え方《かた》のくせがあることにも、気《き》づけるはずにゃ。

自分《じぶん》にはどんな投資《とうし》が向《む》いているのか、お金《かね》の使《つか》い方《かた》で気《き》をつけなければいけないことは何《なに》か、最《さい》初《しょ》は失敗《しっぱい》もしながら、学《まな》んでいけるといいにゃ！

《おうちの方へ》
家庭のなかで、投資を含めたお金の使い方・考え方を疑似体験することを目的としたワークです。利率や、利息がつく期日はお子さまにわかりやすければ自由に変えてかまいません。疑似体験のなかで「小さな失敗」をすることもとても大切な経験なので、使い道についてはなるべく口出しせず、お子さま自身で考えるよう促してあげてください。

これでお金《かね》マスター！

最《さい》終《しゅう》まとめクイズ①にゃ。

基本《きほん》

Q1

にゃんこたちがお楽《たの》しみ会《かい》を開《ひら》こうとしているにゃ。このなかで、日本《にほん》の法律《ほうりつ》では法律違反《ほうりついはん》になってしまうことはどれにゃ？　すべて選《えら》ぶにゃ。

1　お金《かね》が足《た》りなかったら、売《う》り手《て》と話《はな》し合《あ》って足《た》りない分《ぶん》をお菓子《かし》で払《はら》ってもいいことにするにゃ。

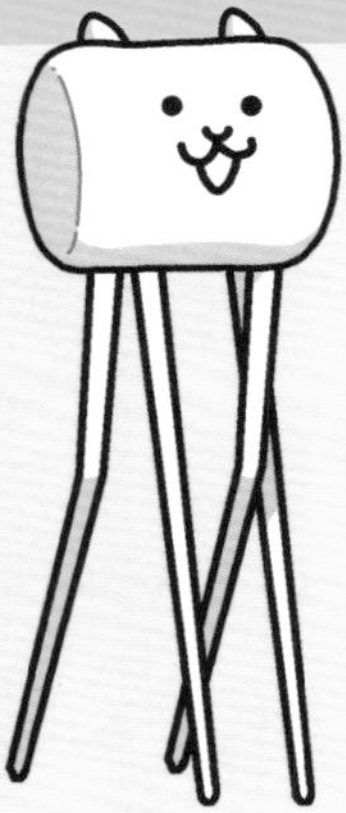

2　手品《てじな》で使《つか》うために、500円玉《えんだま》を削《けず》って穴《あな》を開《あ》けるにゃ。

3　お楽《たの》しみ会《かい》で使《つか》うために、お札《さつ》をコピー機《き》でコピーしておもちゃのお金《かね》を作《つく》るにゃ。

まあまあ

Q2

窓辺《まどべ》の姫君《ひめぎみ》ネコが、お金《かね》の使《つか》い道《みち》を考《かんが》えているにゃ。①～④の使《つか》い方《かた》は、図《ず》のA《エー》～D《ディー》のどこに当《あ》てはまるかそれぞれ選《えら》ぶにゃ。

①お母《かあ》さんの誕生日《たんじょうび》プレゼントを買《か》う。
②今日《きょう》の自分用《じぶんよう》のおやつを買《か》う。
③森林《しんりん》を豊《ゆた》かにする団体《だんたい》に募金《ぼきん》する。
④将来役立《しょうらいやくだ》つように、お金《かね》について勉強《べんきょう》する本《ほん》を買《か》う。

（何《なん》のためにお金《かね》を使《つか》う？）

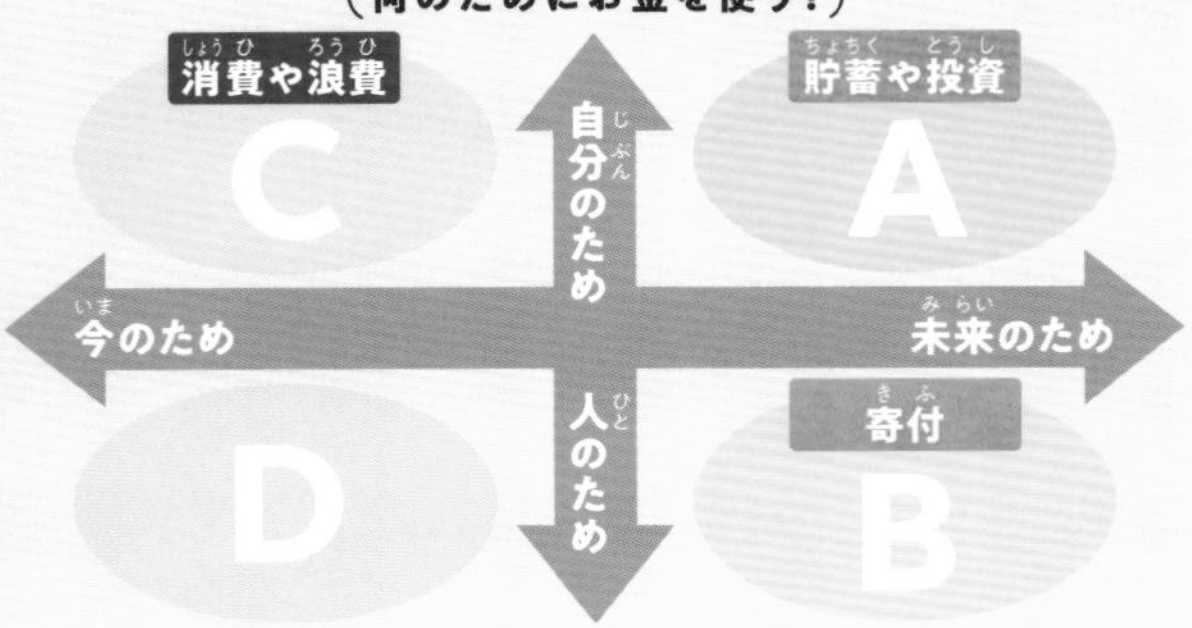
消費《しょうひ》や浪費《ろうひ》
C
貯蓄《ちょちく》や投資《とうし》
A
自分《じぶん》のため
今《いま》のため
未来《みらい》のため
人《ひと》のため
寄付《きふ》
D
B

答《こた》え　Q1　2・3　Q2　①D　②C　③B　④A

全問正解《ぜんもんせいかい》したら完全勝利《かんぜんしょうり》にゃ！全部《ぜんぶ》まちがえたら…
初心《しょしん》に返《かえ》って何度《なんど》でもやりなおせばいいにゃ。

Q3

海《うみ》でアイスを売《う》りたいにゃ。
商品《しょうひん》が同《おな》じ数《かず》だけあるとき、
値段《ねだん》が高《たか》く売《う》れるのは
どっちの場合《ばあい》にゃ？

A

寒《さむ》くて誰《だれ》も
いないにゃ…。
でもあえてアイスを食《た》べたい
人《ひと》もきっといるはずにゃ。

B

暑《あつ》くて海遊《うみあそ》び日和《びより》で
人《ひと》がいっぱいにゃ！
みんなアイスを
食《た》べたがってるにゃ！

Q4

新商品《しんしょうひん》があまり売《う》れなくてもうけが
出《で》ず困《こま》っているにゃ。売《う》れる数《かず》が
変《か》わらなくてももうけを増《ふ》やすには、
どんなくふうができるにゃ？
正《ただ》しいと思《おも》うものをすべて選《えら》ぶにゃ。

1 お店《みせ》の照明《しょうめい》を一部《いちぶ》消《け》して
お店《みせ》の電気代《でんきだい》を減《へ》らす。

2 値段《ねだん》は変《か》えず、
材料《ざいりょう》をもっと高《たか》いものに変《か》える。

3 働《はたら》く人《ひと》の人数《にんずう》を減《へ》らして
お給料《きゅうりょう》にかかるお金《かね》を減《へ》らす。

こだわりの材料《ざいりょう》で作《つく》った
5000円《えん》のたこやき…
ぜんぜん売《う》れないにゃ！

答《こた》え Q3 B　Q4 1・3

あとひといき！
最《さい》終《しゅう》まとめクイズ②にゃ。

基《き》本《ほん》

Q5

税金《ぜいきん》について、正《ただ》しい説明《せつめい》をしているのはどのにゃんこにゃ？

1 みんなが安心《あんしん》して暮《く》らせるように、学校《がっこう》や警察《けいさつ》、消防《しょうぼう》などは税金《ぜいきん》で運営《うんえい》されているにゃ。

2 税金《ぜいきん》の使《つか》い道《みち》は、大昔《おおむかし》から決《き》められていて、誰《だれ》も変《か》えることはできないにゃ。

3 日本《にほん》に税金《ぜいきん》を払《はら》うのは、日本《にほん》に住《す》んでいる日本人《にほんじん》だけにゃ。

まあまあ

Q6

ニュースで「1ドル100円《えん》から1ドル150円《えん》になった」と言《い》っていたにゃ。それを聞《き》いたにゃんこの反応《はんのう》として、正《ただ》しいのは誰《だれ》にゃ？

1 円高《えんだか》になったってことだから、海外《かいがい》で買《か》い物《もの》がオトクにできるにゃ！

2 円安《えんやす》にゃ！ 海外旅行《かいがいりょこう》が高《たか》くなるから、国内旅行《こくないりょこう》に変更《へんこう》しようかにゃ…。

3 円安《えんやす》になったにゃ！ 海外旅行《かいがいりょこう》に安《やす》く行《い》けてラッキーにゃ！

答《こた》え Q5 1　Q6 2

全問正解《ぜんもんせいかい》したら完全勝利《かんぜんしょうり》にゃ!　完全勝利《かんぜんしょうり》したら
お金《かね》マスターを名乗《なの》ってもたぶんだいじょうぶにゃ! たぶん!

まあまあ

Q7

お金《かね》を増《ふ》やしたいにゃんこたちが集《あつ》まったにゃ。
それぞれの目的《もくてき》や考《かんが》え方《かた》に合《あ》わせて、
オススメの方法《ほうほう》を教《おし》えてあげてほしいにゃ。

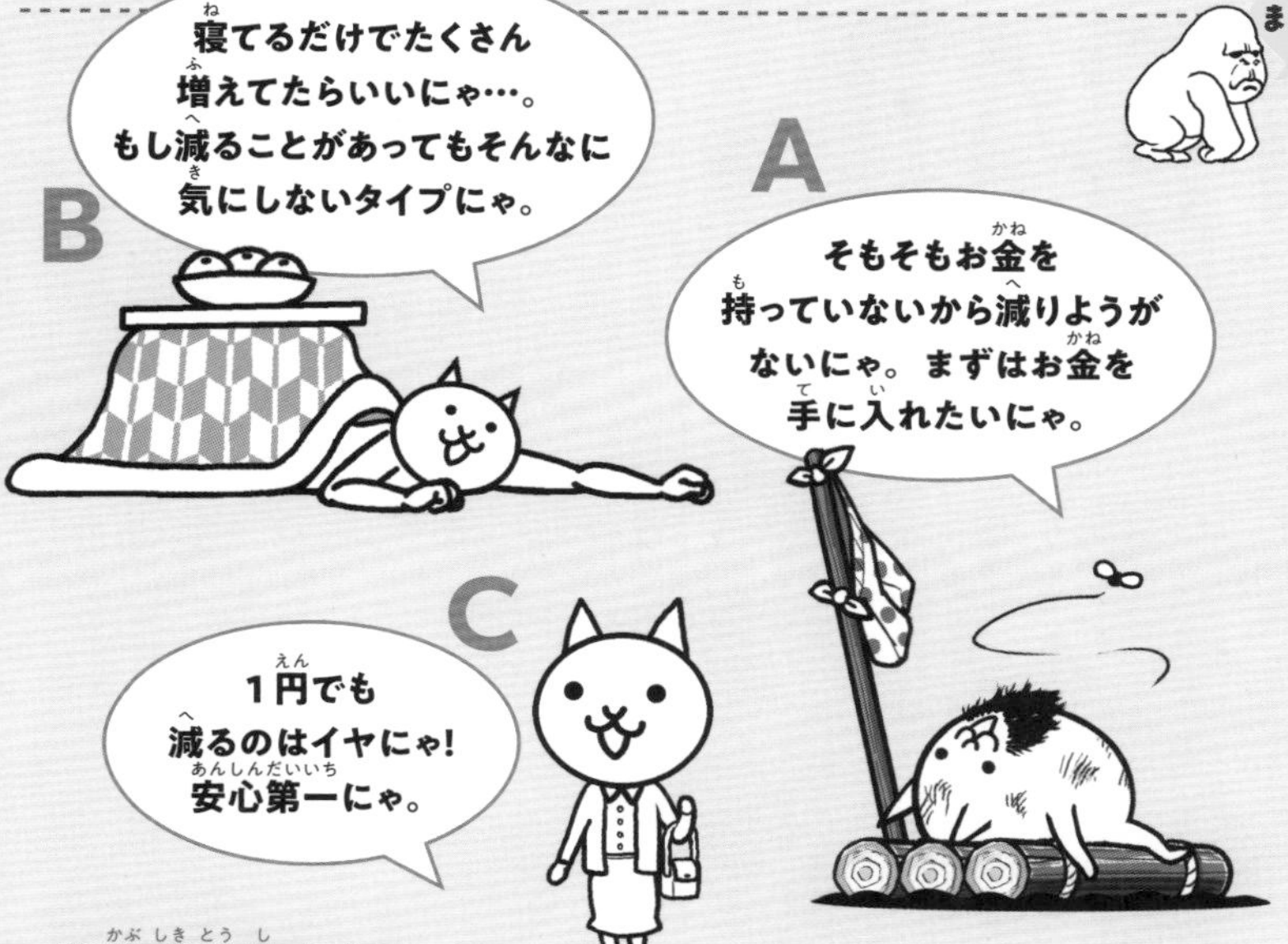
A
そもそもお金《かね》を持《も》っていないから減《へ》りようがないにゃ。まずはお金《かね》を手《て》に入《い》れたいにゃ。
B
寝《ね》てるだけでたくさん増《ふ》えてたらいいにゃ…。もし減《へ》ることがあってもそんなに気《き》にしないタイプにゃ。
C
1円《えん》でも減《へ》るのはイヤにゃ! 安心第一《あんしんだいいち》にゃ。

①株式投資《かぶしきとうし》をする。
②銀行《ぎんこう》に預《あず》ける。
③ものや労働力《ろうどうりょく》を売《う》って働《はたら》く。

激《げき》ムズ

Q8

株式投資《かぶしきとうし》のしくみを図《ず》にしたにゃ。
□□にあてはまる言葉《ことば》はなんにゃ?

10000
壱万円
お金《かね》を出《だ》して株《かぶ》を買《か》う
株式会社
株式会社《かぶしきがいしゃ》
□□
会社《かいしゃ》のもうけの一部《いちぶ》や、商品《しょうひん》・サービスを受《う》け取《と》る
もうけ(利益《りえき》)

これでキミもお金《かね》マスター!
億万長者《おくまんちょうじゃ》に一歩《いっぽ》近《ちか》づいたにゃ!

答《こた》え Q7 A③　B①　C②　Q8株主《かぶぬし》

ここまで読《よ》んでたら、すごいお金《かね》持《も》ちになれる気《き》がしてきたにゃ！　さー、お金《かね》増《ふ》やすにゃー！

ところでネコは、**どうしてお金《かね》持《も》ちになりたいにゃ？**

そりゃ、お金《かね》持《も》ちになったら、こう、なんとなく、すごいにゃ？　立派《りっぱ》な雰囲《ふんい》気《き》にゃ？

雰囲気《ふんいき》めあてにゃ？　気《き》をつけなくちゃいけないのは、**お金《かね》はあくまで「道具《どうぐ》」で「手段《しゅだん》」ってことにゃ。**お金《かね》が人生《じんせい》の目的《もくてき》になってしまうと、大切《たいせつ》なものを見失《みうしな》ってしまうかもしれないにゃ。

大切《たいせつ》なもの!?　セミのぬけがらとか!?

それは、見失《みうしな》ったらまた探《さが》せばいいけど…。見失《みうしな》ってほしくないのは、**自分《じぶん》がどんな人生《じんせい》をおくりたいか、っていうことにゃ。**

おくりたい人生《じんせい》？　お金《かね》持《も》ちになって…その先《さき》のことは考《かんが》えてなかったにゃ。

お金《かね》は安心《あんしん》して生《い》きていくのに必要《ひつよう》なもの。　それに、夢《ゆめ》や目標《もくひょう》を叶《かな》えたり、社会《しゃかい》をよりよくするためにも大切《たいせつ》なものにゃ。　だけど、お金《かね》を増《ふ》やすことだけを目的《もくてき》に生《い》きるのはちょっとさみしいにゃ。

たしかに…欲《ほ》しいものもないのに、お金《かね》だけたくさん持《も》っててもなんだかむなしいにゃ。

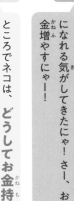

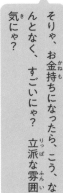

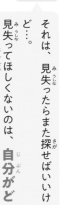

その通《とお》りにゃ。**自分《じぶん》の未来《みらい》のことや社会《しゃかい》のことも考《かんが》えて、目的《もくてき》をもってお金《かね》と向《む》き合《あ》ってほしいにゃ。**

わかったにゃ、考《かんが》えるにゃ!

わかってくれたにゃ!

我輩《わがはい》は将来《しょうらい》、ゲーム三昧《ざんまい》の毎日《まいにち》をおくりたいにゃ。未来《みらい》の自分《じぶん》がゲームにお金《かね》を使《つか》えるように、今《いま》ほしいチョコはちょっと我慢《がまん》して、お金《かね》を貯《た》めて…、あと、投資《とうし》のことももっと勉強《べんきょう》してみるにゃ!

うん。なんていうか、すごくネコらしい将来《しょうらい》の目標《もくひょう》にゃ。なんにせよ、**目標《もくひょう》をもってお金《かね》を扱《あつか》う**のはとってもいいことにゃ!

自分《じぶん》や社会《しゃかい》の未来《みらい》のために…
キミも、お金《かね》を大切《たいせつ》にするにゃ!

【おもな参考文献】 ※ウェブサイトの閲覧日はすべて2023年1月16日です。

カイル・マクドナルド（2009年）．『赤いクリップで家を手に入れた男――ネット版わらしべ長者ものがたり』西山佑（翻訳）．河出書房新社．

池上彰（2018年）．『池上彰のはじめてのお金の教科書』幻冬舎．

上田信（2016年）．『貨幣の条件　タカラガイの文明史』筑摩書房．

植村峻（1994年）．『お札の文化史』NTT出版．

植村峻（2015年）．『紙幣肖像の近現代史』吉川弘文館．

笠原浩（2000年）．『入れ歯の文化史―最古の「人工臓器」』文藝春秋．

八木陽子［監修］（2019年）．『10歳から知っておきたいお金の心得～大切なのは稼ぎ方・使い方・考え方』えほんの杜．

九門康之（2021年4月6日）．「イスラム金融の現状と課題」 国際通貨研レポート．https://www.iima.or.jp/docs/newsletter/nl2021.05.pdf

AFP通信（2022年4月7日）．「ジンバブエ、 最高額の新紙幣導入へ ただしパン1斤買えず」AFP BB News. https://www.afpbb.com/articles/-/3399201

安木新一郎（2012年）．「13世紀後半のモンゴル帝国領雲南における貨幣システム」『国際研究論叢』vol.25（2），pp.123-132. http://altmetrics.ceek.jp/article/id.nii.ac.jp/1197/00000049/

一般社団法人 全国銀行協会．「教えて! くらしと銀行」一般社団法人 全国銀行協会．https://www.zenginkyo.or.jp/article/

一般社団法人全国銀行協会．「動物たちと学ぶ　手形・小切手のはなし」一般社団法人全国銀行協会．https://www.zenginkyo.or.jp/education/free-publication/pamph/pamph-04b/

一般社団法人日本鞄協会 ランドセル工業会．「ランドセルの価格・今昔 | ランドセル・ヒストリー | ランドセル工業会」ランドセルくらぶ．https://www.randoseru.gr.jp/history/kakaku.html

観光庁．「免税店とは | 免税店事業者になろう」国土交通省観光庁．https://www.mlit.go.jp/kankocho/tax-free/about.html

牛米努（2019年4月）．「変わりダネの税 | 税の歴史クイズ」国税庁．https://www.nta.go.jp/about/organization/ntc/sozei/quiz/1904/index.htm

金融広報中央委員会．「おかねのね　小学3年生・ 4年生 」 知るぽると．https://www.shiruporuto.jp/public/document/container/okanenone/shogaku34/

厚生労働省（2022年）．「2022年度版年金制度のポイント」厚生労働省．https://www.mhlw.go.jp/stf/nenkin_shikumi.html

厚生労働省（2022年）．「地域別最低賃金全国一覧」必ずチェック最低賃金．https://pc.saiteichingin.info/table/page_list_nationallist.php

厚生労働省（2022年3月25日）．「令和3年賃金構造基本統計調査」政府統計の総合窓口（e-Stat）．https://www.e-stat.go.jp/stat-search/files?page=1&toukei=00450091&tstat=000001011429&tclass1=000001164106

厚生労働省．「我が国の医療保険について」厚生労働省．https://www.mhlw.go.jp/stf/seisakunitsuite/bunya/kenkou_iryou/iryouhoken/iryouhoken01/index.html

厚生労働省．「社会保障とは何か」厚生労働省．https://www.mhlw.go.jp/stf/newpage_21479.html

国税庁．「税の学習コーナー」国税庁．https://www.nta.go.jp/taxes/kids/hatten/page01.htm

国税庁．「暮らしの税情報（令和4年度版）」国税庁．https://www.nta.go.jp/publication/pamph/koho/kurashi/index.htm

国立公文書館アジア歴史資料センター．「バナナが高級品だったってホント? | 公文書に見る戦時と戦後 −統治機構の変転−」国立公文書館アジア歴史資料センター．https://www.jacar.go.jp/glossary/tochikiko-henten/qa/qa12.html

財務省（2022年10月）．「これからの日本のために財政を考える」財務省．https://www.mof.go.jp/zaisei/index.htm

財務省（2022年11月8日）．「令和4年度補正予算（第2号）」財務省．https://www.mof.go.jp/policy/budget/budger_workflow/budget/fy2022/20221108033406.html

財務省．「貨幣の製造枚数の改定（令和4年1月14日）」財務省．https://www.mof.go.jp/policy/currency/coin/lot/2021kaheikeikaku-kaitei-1.html

財務省．「令和3年度　日本銀行券製造枚数」財務省．https://www.mof.go.jp/policy/currency/bill/lot/2021ginnkoukennkeikaku.html

消費者庁．「特定商取引法ガイド」消費者庁．https://www.no-trouble.caa.go.jp/

総務省．「よくわかる! ふるさと納税」総務省ふるさと納税ポータルサイト．　https://www.soumu.go.jp/main_sosiki/jichi_zeisei/czaisei/czaisei_seido/furusato/about/

総務省統計局.「消費者物価指数（CPI）」統計局ホームページ. https://www.stat.go.jp/data/cpi/index.html

大阪国税局.「小学校学習指導要領準拠　6年生社会科学習資料　令和4年度版　わたしたちのくらしと税」大阪国税局. https://wakayama-sozeikyoiku.jp/pdf/kurashitozei20220615.pdf

朝日新聞（2020年5月8日）.「スマホをヤギに　フィジー伝統の交換文化、コロナで加速」朝日新聞デジタル. https://www.asahi.com/articles/ASN582CGJN57UHBI01C.html

東京商工リサーチ（2022年2月25日）.「倒産企業の平均寿命23.8年 3年ぶりに上昇【2021年】」東京商工リサーチ. https://www.tsr-net.co.jp/news/analysis/20220225_01.html

東京都公衆浴場対策協議会（2022年6月3日）.「令和4年東京都公衆浴場入浴料金の統制額について 」東京都公式ホームページ. https://www.metro.tokyo.lg.jp/tosei/hodohappyo/press/2022/07/01/15.html

独立行政法人国際協力機構.「なんとかしなきゃ!ーブラジルのお釣りは、飴やチョコレート!?」独立行政法人国際協力機構. https://www.jica.go.jp/nantokashinakya/sekatopix/article013/index.html

独立行政法人国立印刷局.「お札の基本情報」国立印刷局. https://www.npb.go.jp/ja/intro/kihon/index.html

独立行政法人国立印刷局.「新しい日本銀行券について」国立印刷局. https://www.npb.go.jp/ja/news/20211004_kaisatsu/

独立行政法人造幣局.「キッズ：ぞうへいきょく探検隊」独立行政法人造幣局. https://www.mint.go.jp/kids

独立行政法人造幣局.「貨幣の偽造防止技術」 独立行政法人造幣局. https://www.mint.go.jp/operations/production/technology/technology_index.html

独立行政法人造幣局.「年銘別貨幣製造枚数【令和3年銘】」独立行政法人造幣局. https://www.mint.go.jp/coin/data/

独立行政法人造幣局.「造幣局が製造した外国貨幣」独立行政法人造幣局. https://www.mint.go.jp/coin/data/gaikoku_kahei.html

独立行政法人労働政策研究・研修機構（2021年11月30日）.「ユースフル労働統計2021 ―労働統計加工指標集―」独立行政法人労働政策研究・研修機構. https://www.jil.go.jp/kokunai/statistics/kako/2021/

内閣府.「景気動向指数：経済社会総合研究所」内閣府. https://www.esri.cao.go.jp/jp/stat/di/menu_di.html

日本銀行.「教えて! にちぎん」日本銀行. https://www.boj.or.jp/about/education/oshiete/index.htm

日本銀行.「新しい日本銀行券の特徴」日本銀行. https://www.boj.or.jp/note_tfjgs/note/n_note/security.htm

日本銀行.「にちぎん★キッズ―マンガでたのしく学ぼう、お金のイロイロ!」日本銀行. https://www.boj.or.jp/z/kids/book.html

日本銀行金融研究所貨幣博物館.「お金の歴史に関するFAQ（回答）」 日本銀行金融研究所貨幣博物館. https://www.imes.boj.or.jp/cm/history/historyfaq/answer.html

日本銀行情報サービス局［編］.「お金の話あれこれ」日本銀行. https://www.boj.or.jp/about/education/arekore.htm

日本銀行百年史編纂委員会［編］（1983年）.『日本銀行百年史　第3巻』日本銀行. https://www.boj.or.jp/about/outline/history/hyakunen/hyaku3.htm

日本経済新聞（2019年11月25日）.「日本の消費税、2030年までに15%に　IMFが報告書」日本経済新聞. https://www.nikkei.com/article/DGXMZO52565870V21C19A1EA1000/

日本経済新聞（2011年9月2日）.「肥満防止で『ポテチ税』導入　財政再建中のハンガリー」日本経済新聞. https://www.nikkei.com/article/DGXNASGM0200P_S1A900C1EB1000/

【掲載している情報について】

- 本書に掲載の情報は特段の注や付記がある場合を除き、2022年11月～2023年1月時点での情報を参照しています。法改正などにより、予告なく内容が変更される可能性があります。
- 情報の掲載にあたっては細心の注意を払っておりますが、本書に掲載されている説明を運用して得られた結果について、監修者および株式会社KADOKAWAは一切の責任を負うものではございません。
- 一部の国名は略称で掲載しております。

【写真／画像提供】

[p.8, 25, 28, 30, 46] 独立行政法人 造幣局
[p.10-11, 36 (新しい日本銀行券)]　独立行政法人　国立印刷局. https://www.npb.go.jp/ja/news/20211004_kaisatsu/より
[p.12] Alamy/アフロ
[p.13(ヤップ島のフェイ)] imagebroker/アフロ
[p.13(ロシア10カペイカ), p.14-15, 26, 108] 国立印刷局 お札と切手の博物館
[p.21(中国の貝貨)] 田中英明/アフロ
[p.21(稲束,カカオ豆), p.24(エジプト貨幣)] PIXTA
[p.24(オーストラリア貨幣、モルディブ貨幣)] iStock/Andrey_KZ
[p.36-37(すき入れバーパターン、マイクロ文字、潜像模様、ホログラム、特殊発光インキの解説画像)]
日本銀行. https://www.boj.or.jp/note_tfjgs/note/n_note/security.htm より
[p.41] 中込孝規
[p.42] 日本銀行金融研究所貨幣博物館
[p.86] 国土交通省観光庁
[p.110] 東阪航空サービス/アフロ
※P.9, 45, 48, 108掲載の日本銀行券は、編集部にて撮影。
※制作にあたりましてご協力いただきました皆様に、厚く御礼申し上げます。

【スタッフ】

執筆協力：オオタユウコ
編集協力：高橋亜由実
デザイン：百足屋ユウコ+小久江厚
（ムシカゴグラフィクス こどもの本デザイン室）
解説イラスト：熊アート
DTP：協同プレス
校正：鷗来堂、文字工房燦光
協力：辻子依旦、石橋廣樹、村山章、野村紗羅、岡田汀
山中絵美子、岡林秀征、川田恵弥、唐木美佳、惠口寛子、太田雄希

監修：大《おお》河《こう》内《ち》薫《かおる》

株式会社ArtBiz代表取締役。税理士。

芸術学部卒という税理士として異色の経歴を持ち、芸能・芸術・クリエイターに特化した税理士事務所を経営。また、税理士として日本最大級のYouTubeチャンネルを運営し、登録者は33万人超（2023年1月現在）。音声メディアや各種SNSでお金の知識を発信。現在はオンラインコミュニティ「マネリテDAO」を活動の中心に据えて、お金の教育を義務教育に導入すべく活動中。小学校から大学まで、生徒・学生へ直接お金の授業を行っている。著書に『お金のこと何もわからないままフリーランスになっちゃいましたが税金で損しない方法を教えてください!』『貯金すらまともにできていませんが この先ずっとお金に困らない方法を教えてください!』（いずれもサンクチュアリ出版）など。

にゃんこ大《だい》戦《せん》争《そう》でまなぶ！
お金《かね》のヒミツ

2023年2月25日　初版発行
2023年12月15日　3版発行

監修　ポノス株式会社《かぶしきがいしゃ》
大河内《おおこうち》 薫《かおる》

発行者　山下 直久

発行　株式会社KADOKAWA
〒102-8177　東京都千代田区富士見2-13-3
電話 0570-002-301（ナビダイヤル）

印刷所　図書印刷株式会社

●お問い合わせ
https://www.kadokawa.co.jp/（「お問い合わせ」へお進みください）
※内容によっては、お答えできない場合があります。
※サポートは日本国内のみとさせていただきます。
※ Japanese text only

定価はカバーに表示してあります。

ISBN 978-4-04-606066-2　C6033